GegenSpieler – das sind Biographien und Geschichte(n) aus dem 20. Jahrhundert, das sind Menschen im Wettbewerb der Ideen und Überzeugungen, das sind die Namen und Köpfe zum Zeitalter der Extreme. Ihre Rivalität ist mal wohlwollend, mal unerbittlich, aber verspricht jederzeit Spannung. **GegenSpieler** – das sind auch Phänomene ihrer Zeit, die vor allem in der Auseinandersetzung an Profil gewinnen, denn das eine funktioniert nur bedingt ohne das andere.
GegenSpieler – das sind immer zwei Seiten derselben Medaille.

»Wir machen aus euch genau das Gegenteil dieser netten, sauberen, ordentlichen Beatles«, hatte den Rolling Stones ihr 19jähriger Manager Andrew Loog Oldham einmal versprochen: »Und je mehr die Eltern euch hassen werden, desto mehr werden euch die Kids lieben.« 1964 war dann der Sommer, als jeder ernstzunehmende Teenager sich und anderen eine grundsätzliche Frage zu beantworten hatte. Und die Frage des Sommers 1964 war eine Frage des Charakters: »Bist du **Beatles** oder bist du **Rolling Stones**?« Dabei war die Konkurrenz zwischen den Beatles und den Stones bereits eine klassische popmoderne Arbeitsteilung. Im Spannungsfeld dieser beiden entscheidenden Pole konnte die Jugend und mit ihr die Popkultur in den Sechzigern ihren Eroberungszug antreten. Andy Warhol, selbst ein Hauptstratege dieser Revolution, hat es auf den Punkt gebracht: »Die Gegenkultur, die Subkultur, Pop, Superstars, Drogen, Licht, Discotheken – was auch immer mit ›jung-und-dabei-sein‹ zu tun hat, das begann wohl damals.«

Georg Diez, Jahrgang 1969, ist Feuilleton-Redakteur der *Süddeutschen Zeitung* in München.

GegenSpieler

Georg Diez

Beatles

Rolling Stones

Fischer Taschenbuch Verlag

Herausgegeben von Claudio Gallio

Originalausgabe
Veröffentlicht im Fischer Taschenbuch Verlag GmbH
Frankfurt am Main, November 1999
Fischer Taschenbuch Verlag GmbH,
Frankfurt am Main 1999
Typographie: Katja von Ruville
Druck und Bindung: Clausen & Bosse, Leck
Printed in Germany
ISBN 3-596-14469-8

Inhalt

Vorwort   9

1. »Happiness Is A Warm Gun« vs. »Sympathy For The Devil« – Das Jahrzehnt der Liebe und der Gewalt   13

2. »Please Please Me« vs. »Satisfaction« – Die Verständigungsformel Pop   23

3. »Love Me Do« vs. »Not Fade Away« – Wie alles anfing   31

4. »I Want To Hold Your Hand« vs. »I Just Want To Make Love To You – Die britische Invasion Amerikas   57

5. »Day Tripper« vs. »Get Off Of My Cloud« – Swinging London   81

6. »Good Day Sunshine« vs. »Paint It Black« – Goldene Tage   99

7. »Let It Be« vs. »Let It Bleed« – Das Ende einer Zeit   123

Nachwort 139
Zeittafel 143
Literatur 149
Bildnachweis 150

Vorwort

»Everything went young in 64!«
 Andy Warhol, Popism

Wer in den sechziger Jahren der Zukunft ins Gesicht schaute, der sah manchmal nur ein paar verheulte Mädchen. Manchmal traf er auch ein paar Jungs, die von einer wilden Meute durch die Straßen gejagt wurden, obwohl sie mit nichts weiter bewaffnet waren als mit ein paar Gitarren und einigen Liedern. Und manchmal hörte er einfach nur tolle Geschichten: Etwa die von einem Burschen mit sinnlichen Riesenlippen, der sich zu seiner Musik drehte und wand, als sei er vom Teufel besessen, der dabei feminin wirkte und trotzdem die besten Frauen abschleppte. Oder die von einem Typen mit Nickelbrille, der zwei Jahre lang im Drogennebel verschwand, und nachdem er wieder aufgetaucht war, ernannte ihn der Rest der Welt zum »Mann des Jahrzehnts«. Wer in den sechziger Jahren der Zukunft ins Gesicht schaute, der sah John Lennon, der seinen bunt bemalten Rolls-Royce durch die Straßen steuerte; der sah Mick Jagger, der auf einem englischen Landsitz mit alten Herren und vor laufenden Kameras über Drogen diskutierte; der sah George Harrison, der neben einem indischen Guru saß und glücklich grinste. Und der sah eben auch immer wieder Mädchen, denen beim Anblick der Beatles oder der Rolling Stones nichts besseres einfiel, als vor Glück loszuheulen oder sich zu bepinkeln. Die Zukunft war damals eine seltsame Angelegenheit.

Aber wer sich dieses tumultuöse Jahrzehnt näher betrachtet, das manche entweder mit einem nostalgischen oder aber abschätzigen

»Entscheidend ist heute nur, daß sie es taten«: Der Intellektuellenliebling John Lennon (links) und der feminine Frauenliebling Mick Jagger (rechts) Anfang der Siebziger – da hatten sie ihre Mission längst erfüllt.

und feindseligen Unterton »die Sechziger« nennen, der wird eines feststellen: Konsum, Optik, Oberfläche, Musik, Spaß, Sex – kurz: die Welt, wie wir sie heute kennen, das alles entstand in dieser Zeit, als ein paar weiße Jungs die Musik nahmen, die sie liebten, den Rhythm & Blues (R & B) der Schwarzen, und damit die weiße Mittelstandsjugend zum Tanzen brachten. Es ist nicht klar, ob sie wirklich wußten, was sie taten. Und das ist auch nicht wichtig. Entscheidend ist heute nur, daß sie es taten. Und so ist jede Erinnerung an diese Frühzeit der Zukunft mehr als nur ein Stück Musikgeschichte, mehr auch als eine Fußnote zu den politischen Umwälzungen Ende der sechziger Jahre: Die Geschichte der Rivalität zwischen den Beatles und den Rolling Stones ist vor allem eine Chronik jener Jahre, als die Jugend die Welt eroberte.

Die Jugend hatte ihr Recht tanzend erstritten, und die Zutaten des popmodernen Alltags waren erfolgreich definiert worden – eine Rezeptur, die bis heute nachwirkt.

Die Zukunft kündigte sich damals häßlich und laut an, und um festzustellen, wer auf welcher Seite kämpfte, brauchte man nicht viel mehr als ein Zentimetermaß. Aber jenseits der grundsätzlichen Unterteilung, die durch die Haarlänge der Protagonisten möglich war, wurde es schnell komplizierter. Und auch dogmatischer. Beatles oder Stones? Im Grunde waren ja beide angetreten, den Haß der Eltern auf sich zu laden – den einen gelang das allerdings deutlich besser als den anderen: Die Beatles erhielten Orden, die Stones wanderten ins Gefängnis. Also: Hier die Beatles – angeblich sauber, sanft, smart; dort die Stones – offensichtlich anmaßend, angriffslustig, abscheulich; hier die gute Laune, dort die brennende Lunte; hier »I Want To Hold Your Hand«, dort »Let's Spend The Night Together«; hier die reflektierten Studioperfektionisten, die ihre Musik zum Gesamtkunstwerk verwandelten, dort die Live-Virtuosen, die ihr Leben selbst zum Phänomen machten. Zweifellos: Das alles sind Vorurteile, manche wahrer als andere, aber deswegen sind ja Vorurteile interessant: weil sie mehr über die Menschen und die Zeiten aussagen, in denen sie entstehen, als über die Gegenstände selbst. Im Fall der Beatles, der Stones und der Sechziger war jedenfalls ausschlaggebend, daß die klare Alternative dem eigenen Leben Sinn und Richtung geben konnte.

Im Licht der späten Neunziger erscheint die Vehemenz dieses Glaubenskrieges ein wenig unverständlich – die Nachwirkungen des Kulturkampfes, den beide gemeinsam angezettelt haben, sind allerdings bis heute spürbar. Unsere Gegenwart nahm irgendwann Anfang der sechziger Jahre ihren Lauf. Und so sollte schließlich Jean-Luc Godard recht behalten. Der hatte 1965 über den Stones-Song »Satisfaction« gesagt: »Was dort erklingt, könnte der Beginn einer Revolution sein.«

1. »Happiness Is A Warm Gun« vs. »Sympathy For The Devil« – Das Jahrzehnt der Liebe und der Gewalt

When I hold you in my arms
And feel my finger on your trigger
I know no one can do me no harm
Because happiness is a warm gun
Beatles, 1968

Please allow me to introduce myself
I'm a man of wealth and taste
I've been around for a long, long year
Stole many a man's soul and faith
Rolling Stones, 1968

Wenn man die Jungs so da sitzen sieht, mit ihren Gitarren in einem Aufnahmestudio, wie sie üben, rauchen, singen, tagelang nur den einen Song, dann glaubt man nicht unbedingt, daß sie in der Lage sein sollen, Massen zu beherrschen. Menschen in Bewegung zu bringen. Einzelne so in Wahn, Wut oder Rage zu versetzen, daß sie sogar morden würden. »Wenn wir spielen, dann passiert immer etwas«, hat der Stones-Schlagzeuger Charlie Watts einmal gesagt, »entweder etwas Geheimnisvolles oder etwas Katastrophales.« Was dann passierte, an jenem 6. Dezember 1969, das geschah kurz nachdem sie diesen Song gespielt hatten, den sie in dem Godard-Film *One Plus One* andauernd vor sich hin spielen: »Sympathy For The Devil«. Und im nachhinein wirkt alles, was in diesem Film zu sehen ist, wie die dunkle Koda einer blumenbunten Inszenierung, wie das suggestive Vorspiel zu einem symbolischen Mord.

Ein merkwürdiger Film ist Jean-Luc Godard mit *One Plus One* gelungen – angestrengt und doch entspannt, klug bis zur Simplifizierung, sehr privat und hochpolitisch zugleich, aktuell und brisant für die Geschichte. Besonders für diese Geschichte.

Mick Jagger also, in einem weißen Kaftan-Hemd, linkisch und vergnügt; Keith Richards, barfuß, ruhig und mit struppigem Haar; der Rest still im Hintergrund; Brian Jones, fidel und konzentriert in seinem kleinen Kabäuschen mit Gitarre. Und zwischendurch immer wieder: ein Mädchen namens Eve, das mit Männern wie Cassius Clay, Malcolm X oder Lumumba telefoniert, eine Frau, die in Budapest geboren ist. Mit Nachnamen heißt sie nicht Republik, nicht

Totalitarismus, ihr Nachname ist Demokratie. Da ist es also: Pop und Politik; da ist es: das Jahr 1968, mit all seinen Widersprüchen. Ein jungfräulich-unschuldiges Geschöpf hüpft in diesem Pop-Wachtraum durch den Wald – politisiert und drogenerfahren, rein und naturnah, ein Mädchen, dem ein nervtötender Regisseur ebenso poetische wie absurde Lebensweisheiten souffliert: LSD ist ein wenig wie Sterben; der Teufel ist möglicherweise Gott im Exil; der Orgasmus ist der einzige Moment, in dem man das Leben nicht betrügen kann; sobald Sex zu einem Problem wird, tritt ein totalitärer Mann auf; wir werden in einer völlig technologisierten Gesellschaft leben, wenn der Roman tot ist. Da ist sie: die Jugend, in all ihrer Verwirrtheit.

Und immer noch üben die Rolling Stones »Sympathy For The Devil«, mal ruhiger, mal von Trommeln getrieben, mal sitzt Jagger auf einem Barhocker, mal wird er wild durchzuckt. Heute weiß man: Dazwischen geht es immer wieder um einen geheimnisvollen Virus, der sich über Kinoleinwände und Autositze gen Westen ausbreitet. Und was sich wie eine Kurzbeschreibung der Popkultur liest – auch wenn diese sich vielleicht eher über Sex und Konsum ausbreitet –, das wird hier von einer schwarzen Guerilla-Gang vorgetragen. Draußen herrscht Revolution: Mädchen besprühen Autos mit kryptischen Parolen, zwei schwarze Babes in knappen Miniröcken interviewen einen schwarzen Umstürzler, auf dem Schrotthaufen der Geschichte klettern blutrünstige Banden umher, die sich ständig Waffen zuwerfen, als ob es nun bald losginge. Draußen herrschen Trash, Krieg und Rassismus, draußen fließt Blut – drinnen hocken die Stones am Boden, Richards spielt Gitarre, alle anderen trommeln auf allem, was gerade greifbar ist: »Sympathy For The Devil«. Es gibt kein Vorher, kein Nachher, keine Außenwelt. Die könnten, so denkt man, immer so weiterspielen wie damals, im Jahr 1968.

Dann kam Altamont, eine Art Anti-Woodstock, das in Haß und Mord endete, die Apotheose dieses Jahrzehnts von Liebe und Gewalt – ausgerechnet an der Westküste und ausgerechnet nahe der Hippie-Hauptstadt San Francisco. »I pray, that it's all right«, hatte Mick Jagger gesungen, obwohl da längst klar war, daß gar nichts *all right* war an diesem fahlen Wintertag, der das Ende einer unschuldigen Zeit markierte. Der Stones-Song »Under My Thumb« ist gerade verklungen, da passiert es: Die Menge teilt sich, und ein Typ in einem weißen Anzug hechtet auf die Bühne zu, das Gesicht kaum zu erkennen, vermutlich mit Zorn in den Augen und mit Angst dazu. Hält der nicht eine Pistole in der Hand? Das Mädchen an seiner Seite will ihn noch zurückhalten, er stolpert und fällt genau in die lange Messerklinge, die eine der dunklen Gestalten in Lederkluft hoch über ihrem Kopf schwingt. Der sticht zu, einmal, mehrmals, und Meredith Hunter, der 18jährige Schwarze im weißen Anzug, taumelt zurück ins Dunkel, wohin ihn die wilden Kerle drängen, tödlich am Kopf und in den Rücken getroffen. Höllenszenen direkt vor Mick Jagger. Höllenszenen mit den Hell's Angels.

»Kannst du das noch mal zurückspulen?« fragt Mick Jagger, der müde vor dem Monitor hängt. Die Brüder Albert und David Maysles haben einen Film über die US-Tour der Rolling Stones 1969 gedreht, *Gimme Shelter*, und wenn man das Ende kennt, dann wirkt auf einmal alles Vorangegangene unheilschwanger – gerade so, als ob es eine fatale Ereigniskette bilden würde, die direkt zum Mord an Meredith Hunter führt. »Das ist so schrecklich«, murmelt Mick Jagger im Studio. Damals hat er weitergespielt, was ihm später viele übelgenommen haben, so wie ihm und den anderen Stones auch einige die Schuld dafür gegeben haben, daß es überhaupt soweit kommen konnte. Warum dieses Riesenkonzert? Warum diese schlechte Organisation? Und warum ausgerechnet die Hell's Angels als Schutztruppe? Der Film zeigt: Jagger selbst steht ziemlich ratlos zwischen den Kerlen in den schwarzen Lederwesten rum, ein feminines Bürschchen mit einem orangeroten Schlabbergewand inmitten dieser Übermänner. Sie starren ihn an, während er »Sympathy For The Devil« singt, und tuscheln feindselig. Am Ende dann, als die Stones vermutlich froh sind, selbst heil davongekommen zu sein, spielen sie »Street Fighting Man«, und zwei Riesen-Angels werfen dazu Rosen in die Menge, nur einige hundert Zuschauer sind zu sehen, gespenstisch beleuchtet vom kreideweißen Bühnenlicht – aus dem Dunkel starren Tausende und Abertausende zurück, frierend oder drogenberauscht, müde oder elektrisiert.

300 000 Zuschauer hatte man zu dem Gratiskonzert erwartet, das die Rolling Stones zum Abschluß ihrer Tour geben wollten. Die Grateful Dead sollten dasein, die Flying Burrito Brothers, Santana, Jefferson Airplane und Crosby, Stills, Nash and Young. Doch was in

der Katastrophe endete, hatte schon im Chaos begonnen. Zuerst hätte das Konzert im Golden Gate Park in San Francisco stattfinden sollen, dann auf dem Sears Point Raceway in der Nähe der Stadt. Schließlich gelang es dem Stones-Anwalt Melvin Belli (der auch der Anwalt von Jack Ruby gewesen war, des Mörders des angeblichen Kennedy-Attentäters Harvey Oswald) in letzter Minute, die Altamont Raceway für das Konzert zu buchen, in Livermore gelegen, 40 Meilen südöstlich von San Francisco. So wurde innerhalb von 24 Stunden die gesamte Bühnenkonstruktion von Sears Point nach Altamont verfrachtet – und so konnte die Zeitschrift *Rolling Stone*, die schon 1969 als »das Jahr der amerikanischen Revolution« ausgerufen hatte, verkünden: »It's on! Es wird ein kleines Woodstock werden, und was noch aufregender ist, es wird ein spontanes Woodstock werden.«

An die 100 000 sind schon am frühen Samstag morgen da, und bevor die Stones mit dem Hubschrauber landen, können sie unter sich schon die schmale Straße sehen, die sich durch die hügeligen braunen Stoppeläcker schlängelt, auf der Auto an Auto geparkt ist, kilometerweit. Es ist bei der Genehmigung des Konzerts um Parkplätze gegangen und um Toiletten – schließlich werden einige Dutzend davon angekarrt, und schon mittags reihen sich die Wartenden einige hundert Meter weit. Da gibt es Typen, die Haschisch, bunte Pillen und LSD verkaufen, da gibt es Frauen, die für die Black Panthers sammeln, da gibt es zottelige Bärtige, die (schon damals) wie Alt-Hippies aussehen, da kursiert das Gerücht, es sei ein Baby auf die Welt gekommen, da torkeln Nackte, Drogenberauschte und Blutüberströmte durchs Bild, da fliegen ganze Schwärme von Frisbees durch die Luft. Plötzlich heißt es, schlechte Drogen seien im Umlauf, dann kommen die ersten Typen mit ihren schweren Maschinen an, dann finden die ersten Prügeleien statt. Schon unmittelbar nachdem die Stones gelandet sind, hat Mick Jagger von einem eins auf die Fresse bekommen: »I hate you, you fucker! I want to kill you!«

Wirklich gut war die Stimmung nur in der Nacht vor dem Konzert gewesen, als die Stones kurz auftauchten – wirklich unangenehm wurde es, als Jefferson Airplane auf die Bühne kamen. Bereits vorher hatten die Hell's Angels munter mit Knüppeln um sich geprügelt. Und die Sängerin Grace Slick konnte immer nur stammeln: »Easy, easy, we can be cool« – was nicht verhinderte, daß Airplane-

Sänger Marty Balin bewußtlos geprügelt wurde, als er von der Bühne sprang, um einem Schwarzen zu helfen, der von Angels umringt war.

Die Bilder von *Gimme Shelter* erzählen eine Geschichte zwischen Gemeinschaft und Einsamkeit, Versöhnung und Provokation und geben eine Stimmung wieder, die auf der Kippe stand. Die Angels verbreiteten mehr als nur latente Gewalt, und schließlich fuhren einige von ihnen ihre chromblitzenden Maschinen bis direkt vor die Bühne, was neuen Ärger versprach. Dann, nach anderthalb Stunden Wartezeit, treten endlich die Stones auf. Es ist schon dunkel, und nachdem sich Mick Jagger den Weg durch die vielen Hell's Angels auf der Bühne gebahnt hat, da wirkt er in seinem grellroten Kostüm beinahe wie Luzifer. Höllenszenen zwischen Hieronymus Bosch und Beatniks. Ein nackter Junge versucht im Drogenrausch auf die Bühne zu klettern, die Angels treten ihn halb in Grund und Boden. Ein Schäferhund schleicht über die Bühne. »Es passiert immer etwas Komisches, wenn wir dieses Lied spielen«, hat Mick Jagger einmal gesagt – und mit »Sympathy For The Devil« bricht dann wirklich die reine Zerstörungswut aus. »Wer kämpft hier eigentlich gegen wen – und wofür?« fragt Jagger ins Dunkel der Nacht hinein, und zu seinen Füßen liegt ein müdes Mädchen, Tränen in den Augen. »San Francisco«, brüllt er ratlos, »don't fuck it up!«

Vor allem »groß« hätte es werden sollen, was die Rolling Stones in Altamont veranstalten wollten. Mindestens die größte Party des Jahres. »Es wird das letzte und das gigantischste Konzert der sechziger Jahre sein«, hatte Mick Jagger prophezeit, vier Monate nach Woodstock, vier Monate auch nach den Manson-Morden. »Den ganzen Sommer über aber wurde eines immer deutlicher«, schreibt Philip Norman, Biograph der Stones und auch der Beatles: »Die Kehrseite von Love and Peace waren Unsicherheit, Wut und Bösartigkeit.« Sehr viel schärfer formulierte es Tony Sanchez, Weggefährte und Teilzeit-Drogendealer der Rolling Stones: »In Altamont wurde der utopische Mythos der Hair-Oz-Stones-Generation weggerissen, und zum Vorschein kam die darunterliegende Lüge. Die Anarchie dieser Kids funktionierte nur vor dem Hintergrund der normalen Gesellschaft, die sie so verachteten. Hier gab es keine Kriegstreiber, keine Geschäftsleute, keine Oldies – nur die pure, blutige, mörderische Realität der Anarchie. Das war die permissive Gesellschaft, mit der die Stones so lange geprahlt hatten, die Freiheit für alle, mit der sie uns im Fernsehen und in den Zeitungen immer gequält hatten. Es war häßlich, hirnlos, blind, dunkel und erschreckend.«

Wie dunkel das Herz dieser Revolution schlagen konnte, das hatte schon eines der beiden Ereignisse gezeigt, die im August 1969 die Liebe und den Haß dieser Epoche in konzentrierter Form wiedergaben. Und das Konzert auf der Rennbahn von Altamont hatte etwas von beiden: von der zeitgeistigen Selbstverlorenheit und Selbstfindung in Woodstock und dem atavistischen Greuel der Manson-Jünger, die erst die hochschwangere Hollywood-Schauspielerin Sharon Tate und drei ihrer Freunde zu Tode hackten und dann mit dem Blut ihrer Opfer die Worte »Helter Skelter« an die Wände schmierten, den Titel eines Beatles-Songs. So wurde der Mord von Altamont zum dunklen Höhepunkt und symbolischen Abschluß einer ganzen Epoche.

Denn das Jahrzehnt, das man das der Liebe nannte, war durch Morde abgesteckt und von Gewalt durchdrungen. Malcom X wurde 1965 ermordet, Martin Luther King jr. und Robert Kennedy 1968 – und auf allem lastete der Daueralpdruck von Vietnam. Und es war ein besonders kurzes Jahrzehnt, das im Grunde erst 1963 wirklich begann und bereits 1969 endete. Das eine Mal starben die Sechziger in Altamont, als die Dinge noch gut aussahen – noch inmitten des Geschehens also und deswegen zunächst nicht mit voller Wucht wahrgenommen. Das andere Mal starben sie Jahre nach ihrer Zeit, als die Dinge begonnen hatten, im Gegenlicht der Geschichte einen nostalgischen Touch anzunehmen.

Nachdem er mal wieder mit seiner 17jährigen Tochter alte Beatles-Platten gehört hatte, schrieb Leonard Bernstein, der große Fan der *Fab Four*, der sich 1964 in die Musik der Beatles verliebt hatte – in diesen »schuberthaften Fluß musikalischer Erfindungskraft, in die Fuck-you-Coolness dieser vier Apokalyptischen Reiter«: »Das war letzte Woche. Die Beatles gibt es nicht mehr. Aber diese Woche, da hüpfe ich, weine und erinnere mich an eine gute Epoche, an ein goldenes Jahrzehnt, an eine feine Zeit, eine feine Zeit ...« Das war im Oktober 1979 – ein gutes Jahr später wurde dieses goldene Jahrzehnt unwiderruflich zu Grabe getragen. Als John Lennon am Abend des 8. Dezember 1980 von Aufnahmen in seine New Yorker Wohnung,

Ecke 72. Straße und Central Park West, zurückkehrte, da hielt ihm Mark David Chapmann das Lennon-Album »Double Fantasy« zum Signieren hin. Dann schoß er fünfmal auf Lennon. »Die Beatles waren emotional 1970 gestorben«, schreibt der Beatles-Biograph Hunter Davies. »1980 gab es die erste Beerdigung.«

Den sechziger Jahren ist also ein doppeltes Todesdatum eingebrannt – aber geboren, in die Welt geschleudert und mit einem schweren Erbe auf den Weg geschickt wurden sie und jene, die mit ihnen unterwegs waren, am 22. November 1963 in Dallas. Und wenn es in diesem an Ikonen und Legenden so reichen Zeitalter etwas gibt, das einen magischen Glanz ausstrahlt, einen ureigenen Pop-Ruhm gar, dann ist es diese Kombination aus Zahlen und Buchstaben: 22. November 1963, Dallas. »Die jugendliche Angst«, schreibt Charles Kaiser in seinem Generationen-Porträt 1968 *in America*, »die jugendliche Angst nach John Kennedys Ermordung machte die Jugend Amerikas besonders anfällig für Beatlemania, aber die Verbindungen zwischen den Kennedys und den Beatles gingen viel weiter als die zwischen Ursache und Wirkung. Für viele junge Leute bedeutete Beatlemania, daß die Gefühle von Hoffnung und schierer Unmittelbarkeit wiederhergestellt waren, die viele für immer tot geglaubt hatten, als Kennedy starb.« Nach Elvis Presleys »Heartbreak Hotel« 1956 hatten Jack und Jackie Kennedy in Amerika eine zweite Pop-Explosion ausgelöst – nach JFKs Tod war es bald an den Beatles, für die dritte zu sorgen.

2. »Please Please Me« vs. »Satisfaction« – Die Verständigungsformel Pop

You don't need to show me the way, love.
Why do I always have to say »love«, C'mon ...
Please please me, whoa yeah, like I please you.
                      Beatles, 1963

                    When I'm watchin' my TV and that
                    man comes on to tell me how white my
                    shirts can be
                    Well he can't be a man 'cause he
                    doesn't smoke the same cigarettes as me
                    I can't get no oh no no no
                    Hey hey hey that's what I say
                                  Rolling Stones, 1965

Es waren die Jahre, in denen die Welt, wie wir sie heute erleben, reflektieren und verstehen, Gestalt annahm; es waren die Jahre, als die Jugend die Welt eroberte; es waren Jahre, die alles umkehrten, die die Verhältnisse, wie man sie bis dahin gekannt und akzeptiert hatte, auf den Kopf stellten. Diese Jahre setzten die Jugend in ihr Recht. Wo zuvor die Wahrheit und die Weisheit bei den Älteren, hingegen der Begründungszwang und der Legitimationsdruck bei den Jungen gelegen hatte, so war das jetzt, ganz schlicht gesagt, genau umgekehrt. Andy Warhol, der Zauberlehrling des Pop, den seine Freunde auch »Drella« nannten – Dracula *und* Cinderella, dunkel und hell –, hat es in *From A to B and Back Again* auf einen Punkt gebracht: »Die Gegenkultur, die Subkultur, Pop, Superstars, Drogen, Licht, Discotheken – was auch immer mit ›jung-und-dabei-sein‹ zu tun hat, das begann wohl damals.«

»Close the gap«, hatte Leslie Fiedler einst gefordert – und wenn heute von Gegen- oder Subkultur nicht mehr so eindeutig die Rede ist, weil der Graben zwischen Hoch- und Popkultur geschlossen ist, dann liegt das vor allem daran, daß Pop die neue Hochkultur geworden ist, die »erste nachchristliche Universalkultur«, wie es Beat Wyss in *Die Welt als T-Shirt* formuliert hat: »Zur Moderne verhält sich Pop wie die Renaissance zum Barock. Eine Lebensform, die zunächst den Oasen kultureller Zentren und Eliten vorbehalten blieb, wurde populär. Pop ist die banalisierte Hybridform einer epochalen Vorstufe. So wie der Barock und die Gotik sich über die bekannte Welt ausdehnten, dabei unterlegene, widerständige Kulturen verdrängten und vereinnahmten, wird Pop eine Dauer von 200 Jahren beschieden sein.«

Es muß irgendwann zwischen Mitte der fünfziger und Mitte der sechziger Jahre passiert sein – und einiges spricht dafür, daß die Beatles und die Rolling Stones daran nicht ganz unschuldig waren. Wann genau Pop sich aufmachte, die Welt zu erobern, darüber streiten sich die Geister. »Was haben der Ausbruch von Pop und die Berliner Mauer gemeinsam?« fragt Beat Wyss – und gibt gleich selbst die Antwort: »Das Jahr 1961. Der Mauerbau in Berlin war ein Wall gegen Pop, und als jener brach, war es nicht die vorsichtige Kabinettspolitik der Siegermächte, sondern der Überdruck des Pop-Bedarfs im Osten, der die Mauer leckschlagen ließ.« Aber auch das Jahr 1954 als ein frühes Vorläuferdatum liegt nicht schlecht im Rennen, das Jahr, als die Brüder Maurice und Richard McDonald zum ersten Mal Autofahrer mit jenem versorgten, was unter den goldenen Bögen für die einen zum Wahrzeichen und zum Symbol, für die anderen hingegen zum Schreckbild der Popkultur und schließlich der Globalisierung werden sollte: Hamburger für alle, vor allem aber für Autofahrer. Und schließlich, darauf weist Klaus Theweleit hin: »Der Hamburger beginnt gleichzeitig mit James Dean (mit dem Essen und der Liebe im Auto vor Freilichtleinwänden).« Theweleit selbst bringt das Jahr 1956 ins Spiel: Da »schlüpft die Weltgeschichte in die *Blue Suede Shoes* (...), die diesseitig durchtanzten.« Elvis also wieder, jener Elvis, von dem Theweleit sagt, er habe 1956 schon »eher eine neue Zeitrechnung begründet als 1922 Mussolini mit seinem Marsch und auch Joyce mit dem *Ulysses*, nur 5 Jahre danach«. 1956 – das Jahr der Rock'n'Roll-Explosion? Oder doch 1955, wie Ulf Poschardt in *DJ-Culture* vorschlägt, das Jahr, das nicht nur den Anfang der Popmusik, sondern auch den Anfang der Popkunst markiert: »Jasper Johns malte seine ersten Flaggen, Andy Warhol zeichnete bunte Schuhe, und Roy Lichtenstein arbeitete an seinen Dollarnoten. Eine Ikonografie des Gewöhnlichen war entstanden.« Am einfachsten schließlich hat es Andy Warhol selbst formuliert: »Everything went young in 64!«

Irgendwann zwischen Elvis und Andy Warhol ist es also passiert, irgendwann in diesen Jahren begann die Welt zu verstehen, was das heißt: »everyone is sweet sixteen forever«, wie es Nik Cohn mal zusammengefaßt hat. »Pop«, so Cohn, »gehört allein den Teenagern und spiegelt alles, was Teenagern in ihrer Zeit passiert, in diesem amerikanischen zwanzigsten Jahrhundert. Es geht um Kleidung und Autos und Tanzen, es geht um Eltern und Highschool, um eingesperrt sein und ausbrechen, es geht um Sex, Reichtum und das Altern, es geht um Amerika, es geht um Städte und Lärm. Wenn man's genau betrachtet, geht es immer um Coca-Cola.« Was nicht viel anders klingt, als wenn der amerikanische Mythengräber Greil Marcus den Rock'n' Roll »nicht als Jugendkultur oder als Gegenkultur, sondern schlicht und ergreifend als amerikanische Kultur« verstanden haben will: Coke Culture.

Eine anfangs rein amerikanische Kunstform also, bevor der Rest der Welt davon etwas mitbekam, eine amerikanische Kunstform, die sich vor allem in der Pop-art rasch von ihren europäischen Vorfahren wie Richard Hamilton oder Peter Blake freigemacht hatte: »Das war Pre-Pop«, schreibt Wyss, »zu warm, zu liebevoll, zu gebastelt! Ihre Bilder verbreiten den Humor von Schülerzeitungen, von dadaistischem Biedermeier, wie es in den Songtexten und im Film *A Hard Day's Night* der Beatles weiterklingt. Der englische Pop mündete in der Musik und Mode der sechziger Jahre, während auf dem Gebiet der visuellen Kultur die Amerikaner die Führung übernahmen. Allenfalls den Rolling Stones gelang es, den britischen Hang zu skurriler Komik und Poesie abzuschütteln, mit einem Rhythmus, so hart, heiß-kalt und klar wie Andy Warhols ›One Hundred Marilyn Monroes‹.«

Für Klaus Theweleit war es letztlich doch Elvis, er war »die Figur, in der die Befreiung ›des Westens‹ von der tödlichen Orchestration des klassischen Europa sich am deutlichsten manifestierte«. Und Elvis war es auch, der den doppelten Boden der Pop-Revolution in sich barg: »Das Faszinierende war, daß die Realität immer durch die Illusion hindurchschimmerte«, beschreibt Linda Ray Pratt Elvis auf der Bühne, »die Illusion des Reichtums und die Psyche der Armut; die Illusion des Erfolges und die Qual des Lächerlichen; die Illusion der Unbesiegbarkeit und die Tragödie der Zerbrechlichkeit; die Illusion der totalen Kontrolle und die Realität des inneren Chaos« – oder eben das, was Pop ausmacht.

Aber wenn Elvis der Vorbereiter und Wegweiser war, dann waren die Beatles und die Stones die Vollstrecker. Und weil sich der Wandel jener Jahre auf alle Lebensbereiche erstreckte – auf die Art und Weise, wie die Wirtschaft funktionierte, die Gesellschaft, die Familie, Religion, Sex und der ganze Rest –, deshalb ist es nicht falsch, hier von einer Revolution zu sprechen: bleibender und nachhaltiger als der politische Teil der Umwälzungen. »Die westliche Zivilisation«, schrieb der Kritiker Langdon Winner in jenen Jahren, »war seit dem Wiener Kongreß von 1815 nie mehr so vereint wie in der Woche, als das ›Sgt. Pepper's‹-Album herauskam.« Und was für die Kritiker, Denker und Deuter dieser Epoche galt, das gilt noch immer. Die Selbstverständlichkeit dieser Zeitenwende beschreibt besonders lapidar und einleuchtend Diedrich Diederichsen: »Es ist also nur selbstverständlich, daß ich und Millionen meiner Zeit- und Altersgenossen, die genauso aufgewachsen sind, Intelligenz in einer Musik entdeckten, die ihnen Material war, um ihre Intelligenz zu entwikkeln. Frühere Menschen entwickelten sie, sagen wir, am Beobachten von Himmel und Erde und Feuer und Wasser und fanden logischerweise da ihre Götter wieder, wir fanden sie in der Pop-Musik.« Oder, ein wenig akademischer und in den Worten von Beat Wyss, der durch Pop den Graben zwischen Erster, Zweiter und Dritter Welt geschlossen sieht: »Pop ist der kulturelle Ausdruck einer deregulierten Aufklärung. Der freie Wettbewerb um das Glück schafft neben beträchtlichem Reichtum jene Form der Armut, die den Nährboden der Subkulturen bildet, die wiederum – über die Verteilungsnetze von Pop – in der Hoffnung leben, an den Reichtum angeschlossen zu werden. So schließt sich der Graben. Pop ist das Versprechen auf Teilhabe am Konsum aller, die nach Glück streben.«

Das Streben nach Glück also: *The Pursuit of Happiness* – als amerikanische Pop-Formel seit 1776 in der Präambel der Unabhängigkeitserklärung niedergeschrieben; oder moderner gesagt: »Please Please Me« oder »Satisfaction«. Die Beatles und die Rolling Stones waren die beiden entscheidenden Pole, und zwischen deren Anziehungs- und Abstoßungskräften konnte die Jugend und mit ihr die Popkultur ihren Eroberungszug antreten – selbst wenn es sich dabei mehr um Image handelte als darum, was daran wirklich echt war. Aber das ist schließlich eine der Spielregeln des Pop. »Die Beatles wollen deine Hand halten«, hat es Tom Wolfe einmal hübsch formuliert, »die Stones wollen deine Stadt niederbrennen.« Dabei ist die Konstellation Beatles–Rolling Stones bereits eine klassische popmoderne Arbeitsteilung. Es geht um die Art und Weise, wie die damals im Entstehen begriffene Fernsehkultur bis heute Veränderung fördert, praktiziert und duldet: als dialektisches Verhältnis zwischen *good guy* und *bad guy*, das schon das Kinomärchen bestimmt. Und natürlich ist der *good guy* dabei nicht zu unterschätzen.

3. »Love Me Do« vs. »Not Fade Away« – Wie alles anfing

You know I love you,
I'll always be true,
So please, love me do.
Whoa, love me do.
      Beatles, 1962

I'm gonna tell you how it's gonna be
You're gonna give your love to me
Love to last more than one day
A love that's love will not fade away
      Rolling Stones, 1964

1956 war also das Jahr, als die Verhältnisse ins Wanken gerieten, und es war auch das Jahr, als England davon Wind bekam: Das Viktorianische Zeitalter ging zu Ende, wenn auch mit einiger Verspätung. Für die Generation, die den Krieg überstanden hatte und immer noch an das *Empire* glaubte, an Macht und Ansehen des Commonwealth, gab es ein Schlüsselwort: Respekt. Und sie mußte spätestens 1956 einsehen, daß es gar nicht unbedingt an Ereignissen wie der Sueskrise lag, daß die nach 1941 geborene Jugend vor allem eines nicht wollte: Respekt. Respekt vor den Konventionen der Eltern, vor ihren Werten, vor ihrer Musik. Was sie wollten, das war Konsum, das war Glück, das war Sex. Was sie wollten, das war Pop. Oder in den Worten von Diedrich Diedrichsen: Sie begannen zu verstehen, »daß man an heißen Sommertagen freihändig einen Berg herunterfahren sollte. Daß man immer zu Recht haßt. Daß es schön ist, an Drogen sterbenskrank zu sein. Daß das, was man sowieso will, immer richtig ist.« Eine Erkenntnis, die, wie Klaus Theweleit anmerkt, erst für die »Popgeborenen« zur Selbstverständlichkeit wurde, »nachdem die Pflichtgeborenen von 1870 bis 1940 keine Möglichkeit ausgelassen hatten, das Gegenteil beweisen zu wollen: daß das, was man sowieso nicht wollte, gerade getan werden müsse (und zwar unbedingt)«.

Eine Generation drängte auf Veränderung, ohne daß irgend jemand genau hätte sagen können, wohin die Reise ging. 16jährige hatte es schon immer gegeben – aber daß sie jetzt Teenager hießen, daß aus potentiellen Tweed-Sakko-Trägern nun *Teddy Boys* wurden, das hatte mehr zu bedeuten, als daß nur die Hosen enger wurden. Jungs mit wild zurechtgegelten Tollen zogen auf einmal durch die Straßen, lungerten in Coffee Bars herum und, so vermuteten die ordnungsverwöhnten Bürger manchmal nicht zu Unrecht, schleppten wahrscheinlich ganze Waffenarsenale mit sich, Messer beispielsweise oder Fahrradketten. Es war ein visueller Angriff auf den Rest der Gesellschaft. Zunächst steckte die Jugend ihre Claims ästhetisch ab; in den Jahren, die folgen sollten, lösten sie dann das ein, was sie als Ziel noch nicht einmal bewußt formuliert hatten: die sogenannte »kulturelle Hegemonie«. Und weil nach und nach nicht nur in amerikanischen Vorstadt-Heimen Waschmaschinen, Transistorradios und andere Wohlstandssymbole herumstanden, und weil auch die Jugend nach den kargen Nachkriegsjahren plötzlich ziemlich viel Geld in der Tasche hatte, besaß sie auf einmal wirkliche Macht.

In den Coffee Bars ging es natürlich weniger um Kaffee, denn der visuelle Angriff wurde von einer Offensive des Akustischen unterstützt: Alles drehte sich um die Jukebox und darum, daß aus diesem Gerät plötzlich eine Musik kam, die England *so* noch nicht gehört hatte. Musik von einem Kerl beispielsweise, den sie zu Hause in Amerika im Fernsehen nur von der Hüfte aufwärts zeig-ten – aber wer Ohren hatte zu hören, der verstand recht gut, worum es dabei ging. Doch das eine war Amerika, hier war schließlich England: So etwas wie Elvis Presley, das war der Trost der britischen Elternschaft, konnte nie und nimmer andauern. »Mit dem Rock'n' Roll war es wie mit dem Ersten Weltkrieg«, schreibt Philip Norman: »In einem waren die Leute sich einig: In sechs Monaten ist alles vorbei.«

Und vielleicht war es tatsächlich eine Art von Krieg. Auf jeden Fall war es eine Revolution – doch gerade weil sie so ohrenbetäubend war, nahm sie niemand als solche wahr; und es war eine Revolution, die sich im Grunde ähnlich subversiver Strategien bediente wie die Elterngeneration während des Zweiten Weltkrieges: Radiohören als Verständigung mit der Außenwelt, als Selbstvergewisserung und Hoffnungsmoment, zur Identitätsstiftung. Der altehrwürdige Radiosender BBC weigerte sich zwar strikt, Rock'n'Roll zu spielen, aber glücklicherweise gab es den Privatsender Radio Luxembourg, der vom Kontinent aus nach England hinüber sendete. »Die Songs von Elvis«, so beschreibt Philip Norman diese Geheiminvasion unter den Bettdecken, »kamen verzerrt und unregelmäßig an, ganz wie verschlüsselte Botschaften für ein besetztes Land«.

Es wütete noch der alte Krieg, als John Lennon auf die Welt kam. Die Menschen lauschten dem Radio, bis die Musik vom durchdringenden Heulen der Sirenen unterbrochen wurde – und die Nacht des 9. Oktobers 1940 bescherte Liverpool einen der schlimmsten Angriffe der deutschen Bombergeschwader des gesamten Zweiten Weltkrieges. John *Winston* Lennon sollte das Kind heißen, ein Augenblick des Patriotismus, bevor draußen, direkt vor dem Krankenhaus, schon die nächste Bombe detonierte.

Popstars werden vielleicht schon als solche geboren, es dauert aber mitunter einige Zeit, bis auch der Rest der Menschheit das begreift. Und zunächst muß die nähere Umgebung überzeugt werden. John Lennon wuchs nicht bei seiner Mutter Julia auf, sondern bei ihrer Schwester Mimi – im respektablen, aber langweiligen Vorort Woolton. Ob er damals schon ahnte, daß aus ihm ein Star werden würde, ist nicht überliefert. Jedenfalls konnte er seine Tante Mimi überreden, daß die 17 Pfund für jene spanische Gitarre mit den Stahlsaiten eine gute Investition seien – und von dem Moment an, als Tante Mimi ihm diesen Wunsch erfüllt hatte, von diesem Moment an war John Lennon verloren. Da saß er also auf seinem Bett und spielte, bis seine Finger blutig waren. Und weil zum Leben eines Popstars mehr gehört, als nur daheim auf dem Bett herumzusitzen, tat er sich mit seinem alten Schulkumpel Pete Shotton zusammen und gründete seine erste eigene Gruppe: die Quarrymen – nach dem englischen Begriff »quarry«, Sandsteinquader, von denen es in Woolton reichlich gab; und wie die Schule, die sie gemeinsam besuchten, die Quarry Bank Grammar School – obwohl sie dort ziemlich übel angesehen waren. John und Pete holten sich bald Verstärkung für die Quarrymen. Zuerst einen gewissen Rod Davis, der zwar – von Lennon einmal abgesehen – genausowenig wie die anderen zum Popstar geboren war, aber immerhin von seinen Eltern vor kurzem ein Banjo geschenkt bekommen hatte. Außerdem noch Eric Griffith mit seiner neuen Gitarre und den zwei Jahre älteren Colin Hanton, dessen Hauptqualifikation darin bestand, ein Schlagzeug zu besitzen – ein recht teures und deswegen seltenes Instrument. Lennon war der unbestrittene Anführer dieser Gruppe – und so trafen sich die Jungs bei Johns Mutter Julia, wo sie im Badezimmer übten. Da war der Hall einfach am besten.

»Das ist John.« »Hi.« »Das ist Paul.« »Oh, hi.« Die erste Begrüßung fiel noch etwas wortkarg aus – was sich aber recht schnell änderte, als John bemerkte, daß der Neue, den ein Freund im Sommer 1956 angeschleppt hatte, etwas konnte, das er bis dahin nicht gelernt hatte: Paul konnte seine Gitarre stimmen. In dieser Zeit versetzte ein alter amerikanischer Folksong die Jugend der Nation in Aufregung: »Rock Island Line« hieß der Song, *Skiffle* hieß der Musikstil, der aus den Südstaaten stammte. Alles, was man benötigte, war ein Waschbrett und eine Gitarre – mehr brauchte man nicht. Und seit Paul McCartney in Liverpool ein Konzert von Lonnie Donegan und seiner Skiffle Group besucht hatte, war auch ihm klar, daß es *das* sein mußte; von diesem Tag an bettelte er um eine Gitarre. Und weil Pop-

Die Quarrymen 1955: Bereits auf dem Schnappschuß des ersten öffentlichen Auftrittes in Woolton ist unverkennbar, wer hier zum Popstar geboren ist. Nur wenig später sollte der zweite Hochwohlgeborene dazustoßen – 1956 wird Paul McCartney dem bis dahin unbestrittenen Anführer der Quarrymen, John Lennon, vorgestellt.

stars eben recht oft aus kleinen Verhältnissen kommen (weil ja gerade das Überwinden dieser Verhältnisse eines der großen Versprechen des Pop ist), wuchs der kleine Paul, der am 18. Juni 1942 auf die Welt kam, folgerichtig in einem verrauchten Teil von Liverpool auf, bevor die Familie in den Vorort Allerton zog – nur etwa eine Meile von dem Haus entfernt, in dem John Lennon lebte, wenn man einmal quer über den Golfplatz lief. Den Umständen entsprechend besaß Vater Jim McCartney zwar kaum Geld, aber er trieb doch die 15 Pfund für Pauls erste Gitarre auf. Schließlich war schon Pauls Großvater Musiker gewesen, und auch der Vater hatte seine eigene kleine Band, die Jim Mac Jazz Band. Als der 14jährige Paul dann auch noch herausfand, daß er, obwohl Rechtshänder, vielen seiner Vorbilder gleich die Gitarre wie ein Linkshänder spielte, da war auch er verloren. Zunächst wollte der künftige Teenager-Schwarm jedoch lieber allein spielen, bis ihn schließlich ein Freund mitschleppte, um ihm einen »großartigen Kerl« vorzustellen. Und obwohl John Lennon nicht nur wegen des Saiten-Stimmens beeindruckt gewesen sein muß, sondern vermutlich auch aufgrund der Tatsache, daß McCartney ganze Songtexte auswendig konnte, fragte er ihn nicht gleich am ersten Abend, ob er ein Quarry-Mann werden wollte. Letztlich war von Anfang an klar, daß sich Paul nicht damit zufriedengeben würde, zweiter Mann hinter John Lennon zu sein. Eine Woche später war es aber dann doch soweit – Pete Shotton traf Paul auf der Straße und überbrachte ihm die Nachricht: John will dich dabeihaben. Kurz darauf legten sich die Quarrymen auch ihr erstes Bühnen-Outfit zu: schwarze Hose, schwarze Krawatte und ein weißes Cowboy-Hemd mit Fransen an den Ärmeln; John und Paul erhielten natürlich noch weiße Jacketts dazu: Popstars eben, auch wenn sie einstweilen noch eher wie Konfirmanden aussahen.

John Lennon hatte mittlerweile, wir sind im Juli 1957, die Schule verlassen, und seine Tante Mimi fürchtete schon, er werde wie sein Vater Freddy zur See fahren. Die Alternative: Art College. Also nahm Tante Mimi ihren John bei der Hand: »Sonst hätte er das nie gefunden.« Er war schließlich erst einmal in Liverpool gewesen. Und plötzlich saß er wieder da, wo er es schon vorher kaum ausgehalten hatte: in einem Klassenzimmer – neuerdings von lauter kleinen Künstlern in Dufflecoats, Wildlederschuhen und dicken Shetland-Pullovern umgeben. Keiner mochte hier Elvis, keiner mochte Jungs in engen schwarzen Hosen und mit wild gekämmten Mähnen. Hier war Jazz die bevorzugte Musik, *Traditional Jazz*, und »John haßte diese Jazz-Meute«, wie Philip Norman schreibt, »haßte sie wegen ihrer Pullover, haßte sie wegen ihres Schulabschlusses«. Skiffle war mittlerweile tot, und zunehmend richteten die Jungs, die es wissen wollten, den Blick Richtung Amerika. Liverpool war genau der Ort dafür, mit seinem Hafen, seinen Transatlantik-Reisenden, den New-York-Passagieren, die ab und zu Platten mitbrachten oder wenigstens den einen oder anderen Namen fallenließen, den man dann begierig aufnahm und wie zur Beschwörung wiederholte: Chuck Berry, Ike Turner ...

Johns Partner Paul McCartney hatte inzwischen seinen ersten eigenen Song geschrieben: »I Lost My Little Girl«. Zudem schleppte er bald einen neuen Jungen an, der etwas bleich wirkte, ernst aussah und erst 14 Jahre alt war: George Harrison. Das war 1958. Nun waren es schon drei Gitarristen in der Gruppe, die jetzt unter wechselnden Namen auftrat, Johnny and the Moondogs war einer davon. Eric Griffith war mittlerweile einigermaßen unsanft hinausgedrängt worden. Und weil die Pop-Revolution entscheidend mit der wachsenden Vormachtstellung und dem Einfluß der Medien zusammenhängt, war es nur folgerichtig, daß die drei Gitarristen das Fernsehen als Schule des Rock'n'Roll entdeckten. »Oh Boy!« hieß die Show, in der Eddie Cochran, Gene Vincent oder Cliff Richard den jungen Briten zeigten, wie es geht; und so robbten die drei vor dem Apparat, wenn sie sehen wollten, wie etwa die Shadows ihr großes Intro zu »Move It« fabrizierten. Aber so richtig wollte es mit dem Erfolg immer noch nicht klappen: Bei einem Song-Wettbewerb in Manchester mußten sie schon vor dem Finale abreisen, um nicht den letzten Bus nach Liverpool zu verpassen. Ein Hotel hätten sie sich nicht leisten können.

Die Band trat das ganze Jahr 1958 über mal hier, mal dort auf, meist bei kleinen Anlässen, bei denen es nicht so auffiel, daß mittlerweile niemand mehr am Schlagzeug saß. Mal nannten sie sich dabei die Rainbows, mal sangen John und Paul als die Nurk Twins. Die Aussichten waren alles andere als golden, bis die Langeweile einiger schulfreier Sommermonate Pop-Geschichte produzieren sollte. Johnny Best war Liverpools wichtigster Box-Promoter, und als solcher besaß er natürlich auch ein entsprechend großes Haus – mitsamt einer Frau, Mona, und zwei Söhnen, Peter (Pete genannt) und Rory. Und im Sommer 1958 kam schließlich die Idee auf, die Fahrräder und den ganzen anderen Kram aus dem großen Keller des Hauses der Familie Best zu räumen, einen Drachen an die Decke zu malen, das Ganze »Casbah« zu nennen und zu schauen, ob so ein Club nicht ein richtiger Erfolg werden könnte. Fehlte nur noch eine Band. Irgend jemand schlug Ken Browne vor, der mit George Harrison in einer Formation spielte. Und während noch alle damit beschäftigt waren, die Räume für die Eröffnung zu streichen, schauten George und seine beiden Mitstreiter schon mal vorbei – Paul und John, der sich sogleich etwas nützlich machen wollte, aber ohne seine Brille leider blind wie ein Maulwurf war und deswegen vor allem Stellen bepinselte, die gar nicht dafür vorgesehen waren. John, Paul, George und Ken Browne spielten schließlich im Casbah für fünfzehn Shilling pro Kopf am Abend – und nach wie vor ohne Schlagzeuger. Aber schon recht schnell mußte am Wochenende ein Türsteher für die Bändigung der Teenager-Ekstase sorgen.

»Britische Popmusik in den Fünfzigern war die reine Farce«, schreibt Nik Cohn. »Niemand konnte singen, und niemand konnte einen Song schreiben – aber darum scherte sich ebenfalls niemand. Die Musikindustrie überlebte im Zustand einer selbstproduzierten Dauerhysterie, man schrie sich heiser, auch wenn es eigentlich um nichts Bestimmtes ging.« Cohns Meilensteinwerk *Awopbopaloobop Alopbamboom* ist eine Art Abschiedsbrief mit Augenkontakt zur Gegenwart, eine durch und durch reflektierte und doch sentimentale Wanderung durch jene Zeit und jene Musik, die ihn denken und fühlen gelehrt hatte. Es war der März des Jahres 1968, und Cohn begann, seine Schlußrunde zu drehen. Er hatte sie alle gehört, hatte viele getroffen und so manchen gekannt. Er war ein Veteran. Er war 22 Jahre alt.

Mit 15 hatte sich Cohn aus Irland davongemacht, mit 16 von der Schule verabschiedet, mit 17 war er in London. Das war 1963, das erste Jahr der Beatles. Und um besser zu verstehen, warum sich durch »She Loves You« alles änderte, warum plötzlich die alten Gesetze nicht mehr galten, dazu muß man sich nur den ersten britischen Rocker anschauen: Tommy Steele – eine Erfindung der Plattenindustrie, der es Mitte der fünfziger Jahre noch weniger um den Plattenverkauf, als vielmehr um Konzerte und den Absatz von Noten ging. Deshalb waren auch die Agenten und Verleger die mächtigen Leute in diesem Geschäft. Tommy Steele also. »Vergleiche einfach seine Geschichte mit der von Elvis«, schlägt Nik Cohn vor, »und schon hast du den exakten Unterschied zwischen dem großen amerikanischen und dem großen britischen Entertainment-Epos. Elvis wurde Gott. Tommy Steele brachte es immerhin bis ins London Palladium.«

Dann gab es noch Terry Dene, der ein paar Hits landete, heiratete, wie Elvis zur Armee ging und nach zwei Monaten wieder entlassen wurde, den erst seine Frau verließ, dann seine Fans und der schließlich als Straßenprediger für die Heilsarmee wieder auftauchte: Britisches Rockerschicksal.

Schließlich gab es da noch das Triumvirat, das das britische Pop-Universum von 1959 bis zum Durchbruch der Beatles 1963 beherrschte: Billy Fury, Cliff Richard, Adam Faith. »Von den drei war Fury der aufregendste, Faith der intelligenteste, Richard der kompetenteste«, schreibt Cohn. »Was sie verband, war, daß sie alle drei am Ende recht glatt wurden. In jeder Hinsicht wurden sie vorzeigbar. Sie hatten ein sauberes Lächeln, einen neutralen Akzent und gute Manieren. Sie machten sich nicht in der Öffentlichkeit zum Narren. Es gelang ihnen beinahe, Popsänger respektabel erscheinen zu lassen.«

Und sie waren erfolgreich – Cliff Richard vor allem, mit »Living Doll«, »bei weitem die einflußreichste britische Single des Jahrzehnts«, wie Nik Cohn anmerkt. »Es war nett und süß (...) Nach ein paar Monaten gab es nur noch das. Keine Wut, keine Farce, keine Häßlichkeit mehr. Wir hatten Fließband-Gesichter mit Fließband-Stimmen und Fließband-Songs. Es war so schlimm wie in den frühen Fünfzigern, bevor es Rock'n'Roll gab. Und vor allem deshalb wurden die Beatles so als Messiasse bejubelt, als sie auftauchten.« Um heute einen Eindruck von der Eintönigkeit dieser Zeit zu gewinnen, muß man sich bloß eine Vorstellung von Cliff Richard und seinen Shadows vor Augen führen: Drei Gitarristen in Abendgarderobe, die im Gleichschritt nach vorne und wieder zurück trippeln und – wenn's ganz heiß wird – auch schon mal eine kurze Drehung hinlegen und ein Bein etwas gezwungen nach vorne treten. Trotzdem: Teenager-Ekstase.

Adam Faith allerdings erfand etwas dazu: Er war der erste, der den Popsänger als Denker vorführte. Sibelius und Dvorák? *Der Fänger im Roggen?* Sex vor der Ehe? Faith redete und redete, und auf einmal nahm man Pop ernst. In den fünfziger Jahren war es noch so etwas wie ein jugendlicher Lacherfolg gewesen. Jetzt kam Pop intellektuell in Mode, auch wegen Leuten wie Adam Faith – und natürlich profitierten genau davon die Beatles.

»1960 war wahrscheinlich das schlimmste Jahr, das Pop je erlebt hatte« – Elvis war in der Armee, Chuck Berry im Gefängnis, Buddy Holly war tot, Eddie Cochran sollte bald folgen, kurz: Nik Cohn dürfte wohl auch hier recht gehabt haben. 1960 war aber auch das Jahr, in dem eine neue Generation in den Pop-Zyklus eingespeist wurde. Und der Zyklus schien einfachen Gesetzen zu gehorchen: Zunächst der Durchbruch, dann ungefähr drei Jahre Begeisterung, daraufhin drei Jahre Stillstand, bis der nächste Durchbruch gelang.

Die Jugend Großbritanniens gehorchte 1960 zwar den Rhythmen des Pop – Liverpool aber tanzte zu den Klängen von Rhythm & Blues, jenen Beschwörungshymnen von schnellen Autos und wilden Frauen, die Chuck Berry, B.B. King, Little Richard oder Fats Domino anstimmten. Wenn ein schwarzer Mann allein und verzweifelt ist, so Philip Norman, dann spielt er den Blues: »Mit einem Dach über dem Kopf, und sei es noch so löchrig, spielt er Rhythm & Blues. Der Unterschied ist so groß wie der zwischen Stadt und Land; zwischen den Baumwollfeldern im Süden und den Großstadtghettos im Osten; zwischen dem Fatalismus der Alten und der Kraft und dem Drang der Jugend.« Der aggressive Sex – etwa in Hank Ballards »Work With Me Annie«, in Billy Wards »Sixty Minute Man« oder in »Baby Let Me Bang Your Box« von den Penguins – schien eine Bedrohung für die Ordnungswelt der weißen Mittelschicht zu sein. Und um den so bereits belegten Begriff »R&B« zu umgehen, nannte der DJ Alan Freed die Musik, die er spielte, seit 1951 »Rock'n'Roll« (was allerdings auch nur eine andere Umschreibung für Sex ist). In den USA fanden jedenfalls zahlreiche Übergriffe von Weißen auf Blues-Clubs statt, manche Bandmitglieder wurden sogar gehängt: »Bis 1956«, schreibt Philip Norman, »war jede Bluesband, die durchs Land reiste, eine Band auf der Flucht.«

Überall in Liverpool gab es Anfang 1960 jedenfalls Gruppen, die diese Songs in den Coffee Bars der Stadt nachspielten – Rory Storm and the Hurricanes etwa, die populärste Gruppe der Stadt (mit einem

Schlagzeuger namens Ringo Starr), oder Cass and the Casanovas. Und natürlich gab es auch die Männer im Hintergrund: Larry Parnes oder Allan Williams, der recht bald der erste Manager jener Gruppe werden sollte, die nach wie vor ziemlich unorganisiert auftrat, immer noch keinen Schlagzeuger hatte und sich zu den meisten Anlässen nach wie vor Johnny and the Moondogs nannte. Ein Kommilitone von John Lennon war mittlerweile dazugestoßen: Stuart Sutcliffe, genannt Stu, der schon deshalb als ziemlich brillanter Kunststudent galt, weil man ihm am Art College erlaubte, hautenge Röhrenjeans und rosa Hemden zu tragen – ein »James Dean in Embryoform«, wie ihn Nik Cohn einmal genannt hat. Und für Cohn waren Sutcliffe und Lennon die beiden Anführer, wobei Lennon sich zu einem »professional hard-nut« entwickelt hatte, »großmäulig und angeberhaft, und er streifte durch Liverpool wie ein verwundeter Büffel, der alles niederwalzte, was sich ihm in den Weg stellte«. Zusammen mit dem Schlagzeuger Tommy Moore traten Johnny and the Moondogs dann ein paarmal in Allan Williams' Club Jacaranda auf, wo es zwar keine Mikrophonständer gab, dafür aber zwei Mädchen, die vor John und Paul knieten und ihnen die Mikrophone hielten, die wiederum an Besenstielen festgebunden waren.

Als Larry Parnes eine Vorgruppe für Billy Fury suchte, da tat sich auf einmal so etwas wie eine Chance auf. Blieb das Problem mit dem Namen. »Beetles« – schlug Stu Sutcliffe vor; »Beatles« – beschloß John Lennon (obwohl nicht nur in diesem Punkt unterschiedliche Legenden existieren). Als Silver Beatles gingen sie dann auf ihre erste Tournee – zwar nicht mit Billy Fury, denn die hatten sie, und das hatte vor allem an Stu Sutcliffe gelegen, für nicht gut genug befunden. Trotzdem waren sie im Mai 1960 zwei Wochen quer durch Schottland mit Johnny Gentle unterwegs, in Jeans, schwarzen Pullis und Turnschuhen als Bühnenoutfit. Die Tournee wurde ein Erfolg, es folgten Auftritte in Liverpool und im Umland – aber nach ein paar Wochen standen Lennon, McCartney und Sutcliffe erneut ohne Schlagzeuger da. Als Ausweg blieb zunächst nur der Auftritt mit einer Stripperin namens Janice. Was jetzt fehlte, war eine glückliche Fügung, war der entscheidende Schritt auf dem steinigen Weg, der zum Erfolg führen sollte, war Stoff für Legenden. Da kam das Angebot, nach Hamburg zu gehen.

Hamburg war tatsächlich ein glücklicher Zufall, denn sowohl

Rory Storm and the Hurricanes als auch Gerry and the Pacemakers, die Allan Williams eigentlich nach Hamburg hatte schicken wollen, dachten nicht daran, ins Ausland auf Tournee zu gehen. Und die Ersatztruppe, die sich fortan nur noch Beatles nennen sollte, hatte schließlich sogar einen neuen Schlagzeuger gefunden, den gutaussehenden Pete Best, Sohn des bereits erwähnten Box-Promoters und Casbah-Besitzers Johnny Best. Und so wurde die Zeit im sündigen Hamburg zu einem festen Bestandteil der Beatles-Legende – erste Schritte auf dem Weg zum Erfolg: Die Reeperbahn, St. Pauli, die Große Freiheit, Frauen, die sich gegenseitig in den Matsch drückten, alle Formen von öffentlichem Sex. Das mußte recht rauh auf Jungs wirken, die aus einem Land kamen, wo gerade darüber verhandelt wurde, ob *Lady Chatterley's Lover* endlich veröffentlicht werden durfte, und der Richter die Jury in der Verhandlung mit der Frage konfrontierte: »Wollen Sie, daß Ihre Frau oder Ihre Diener ein solches Buch lesen?«

In Williams' zerbeultem Austin-Kleinbus machten sie sich auf; ohne Arbeitserlaubnis – dafür prangte auf dem Auto der Bandname, ausgeschnitten aus Papierbuchstaben. Die Zeit von August bis November 1960 sollte für die Beatles alles verändern – und es begann mit ihrem Haarschnitt: Es war die Hamburger Fotografin Astrid Kirchherr, die als erstem ihrem Freund Stu Sutcliffe die Haare nach vorne kämmte, lässig über Stirn und Ohren – ein weiterer Schritt zum Weltruhm. Zunächst spielten die Beatles in dem kleinen, schäbigen Indra Club, später dann, aufgrund ihres Erfolges, im größeren Kaiserkeller. Beide Clubs gehörten Bruno Koschmieder, einem kleinen, breitschultrigen Mann mit einer Beinprotese – und mit viel Bier und dem Aufputschmittel Preludin schafften es die Beatles, den mörderischen Rhythmus durchzuhalten, den Koschmieder vorgab: sieben Auftritte die Woche, bis zu sechs Stunden am Wochenende. »Mak show, Beatles! Mak show!« brüllte Koschmieder – langsam verstanden sie, was das bedeutete.

Den Typen dort, in dem gestreiften Studenten-Schal, der im Pendlerzug sitzt und sich auf dem Weg von Dartford vermutlich hinein in die Stadt zur Victoria Station und dann weiter zur London School of Economics befindet, den kennt er noch recht vage aus der Zeit auf der Wentworth County Primary School. Aber was, fragt sich Keith

Richards, was macht dieser geschleckte Typ mit *diesen* Platten unter dem Arm? Platten von Chuck Berry und Little Walters. Könnte es sein, daß dieser LSE-Student aus der gediegenen Mittelklasse-Gegend von Dartford die gleichen Helden anbetet wie er, der *bad boy* aus dem falschen Teil der Stadt?

Eine Weile lang hatte die Richards-Familie nur ein paar Straßen von dem properen Heim entfernt gelebt, in dem Michael Philip Jagger – am 26. Juli 1943 geboren – mit seiner Familie wohnte. »Ich kannte Keith schon als Kind«, erzählt Jagger. »Mit fünf Jahren, da zog er sich immer wie ein Cowboy an – ich glaube, wie Roy Rogers – mit Revolvergurt und Hut, und er hatte diese großen Ohren, die darunter hervorstanden.« Jaggers Vater führte ein strenges Regiment. Er war Lehrer an einer katholischen Ordensschule und ließ seine Söhne vor dem Essen beten. Aber während Mike, wie er genannt wurde, ein relativ begabter Schüler war und sich nie richtig anstrengen mußte – obwohl er später auf der Dartford Grammar School deutlich nachließ –, versuchte es der um ein halbes Jahr jüngere Keith nie wirklich. Die Richards-Familie zog später in ein kleines Haus in einem Neubauviertel, und wenn Vater Richards abends aus der Osram-Fabrik nach Hause kam, dann saß sein Sohn meistens auf der Treppe und spielte Gitarre. Die Lehrer hatten ihn mehr oder weniger aufgegeben, und daß Keith, der in den immergleichen Jeans und mit dem immergleichen violetten Hemd durch die Straßen zog, mittlerweile, es war das Jahr 1961, das Sidcup Art College besuchte, war auch nicht sonderlich tröstlich. Fraglich war vor allem, ob er da ein richtiges Handwerk lernen würde, wie sein Vater gehofft hatte. »Wenn ich groß bin«, hatte Keith einmal gesagt, »dann will ich ein Cowboy sein wie Roy Rogers, und ich will Gitarre spielen.«

Mike Jagger mochte Elvis nicht besonders, und natürlich mochte er auch Bill Haley nicht: Da war zuerst Buddy Holly, den Jagger im März 1958 auf seiner einzigen England-Tour sah, da war der Blues von Muddy Waters, Jimmy Reed oder Howlin' Wolf – und da war vor allem Chuck Berry, der große Beschwörer der »Teendream-Mythen, die das Herz des Pop ausmachen« (Nik Cohn), der im Gefängnis landete, weil er mit einer Minderjährigen im Auto erwischt wurde. Zwei Jahre lang spielte Mike mit drei anderen Jungs, Dick Taylor, Bob Beckwith und Alan Etherington, in einer Gruppe, die sich Little Boy Blue and the Blue Boys nannte – das einzige Publikum war Dick Taylors Mutter. Und weil Dick Taylor auch ein Freund des damals 17jährigen Keith Richards war, endete jene morgendliche Zugfahrt im Jahr 1961 damit, daß sich Jagger und Richards darauf einigten, daß Keith doch mal bei einer Probe vorbeischauen sollte. »Wie wir da so in diesem Zugwagen in Dartford saßen, da war es beinahe, als hätten wir einen Bund geschlossen, ohne es zu wissen. Ich weiß nicht, warum das passieren konnte, aber da gab es auf einmal eine Verbindung, die trotz allem anderen bis heute anhält – wie ein fester Deal.« So beschreibt Keith Richards jenen denkwürdigen Morgen. »Von da an«, erinnert sich Dick Taylor an die erste gemeinsame Probe, als Richards die anderen nicht nur mit seiner Hofner-Gitarre, sondern auch mit der Virtuosität überraschte, mit der er praktisch alle Solos von Chuck Berry spielen konnte, »von da an waren Mick und Keith zusammen. Egal wer neu zur Band kam, oder wer die Band verließ: Immer würde es Mick geben und Keith.« Oder in den Worten Charlie Watts': »Bei den beiden gibt es eine Art von Magie, die die Leute mögen. Die zwei streiten sich immer, aber sie lieben sich auch immer. Sie kennen sich einfach sehr gut. Und mit streiten meine ich eigentlich, daß sie nie einer Meinung sind. Weil sie zwei so verschiedene Menschen sind. Der eine ist akribisch und genau, der andere ist ein totaler Bohemien.«

Auf der Universität hatte Jagger zwar mittlerweile immerhin genug gelernt, um sich von nun an »Mick« rufen zu lassen (weil das weniger bourgeois klang als Mike), aber wie ein richtiger Rocker sah er in seinen Strickpullovern immer noch nicht aus. Und auf Dauer war es auch nicht besonders befriedigend, vor Dick Taylors Mutter den Teenagerkönig zu spielen. Als sie dann zu ihrer Überraschung noch feststellten, daß sie gar nicht die einzigen waren, die in England den Blues spielten, als sie also im *New Musical Express* die Ankündigung eines Blues-Konzerts im West-Londoner Vorort Ealing lasen, da stiegen am 17. März 1962 Little Boy Blue and the Blue Boys gemeinsam in ein Auto und fuhren los. Ein paar Wochen später erhielt Alexis Korner, der diese Blues-Konzerte veranstaltete, ein Paket mit einem Demo-Band und der Anfrage, ob ein gewisser Mick Jagger nicht einmal auf der kleinen Bühne in Ealing sein Glück versuchen dürfte. Tatsächlich kletterte am darauffolgenden Samstagabend dieser Junge mit seiner lose gebundenen Krawatte, seinem weißen Hemd und dem Strickpullover auf die Bühne und gab seine Version von Chuck

Berrys »Round And Around«. »Was ich bemerkenswert fand«, sagt Alexis Korner, »war weniger, wie er sang. Sondern wie er seinen Kopf wild herumwarf. Er hatte recht kurze Haare, wie jeder andere auch. Aber für einen Jungen im Strickpullover bewegte er sich ziemlich exzessiv.«

Einige Abende später stand dann ein Kerl auf der Bühne, der mit 13 Jahren den Jazz und mit 14 Charlie Parker entdeckt hatte, einer, der mit 17 schon zwei Mädchen geschwängert hatte und der sich schon deshalb zum Popstar zu eignen schien – einer, der darüber hinaus noch verdammt gut Gitarre spielen konnte und Keith Richards schon deswegen ziemlich beeindruckte. Als sich seine damalige Band schließlich auflöste, wollte Brian Jones möglichst schnell eine neue Formation gründen – und die drei Jungs von Little Boy Blue and the Blue Boys kamen ihm gerade recht. Sie holten sich noch den Schlagzeuger Ian Stewart dazu und übten dann dreimal die Woche, falls Brian pünktlich war, spielten jedenfalls viel Chuck Berry, spielten »Roll Over Beethoven« und »Sweet Little Sixteen«, spielten laut genug, daß man sie auch im Pub nebenan hören konnte – und obwohl dort jemand war, dem der Lärm gefiel, sagten sie, »nie werden wir uns verkaufen«, und lehnten sein Angebot ab. Am 12. Juli 1962 hatten sie dann doch ihren ersten Auftritt, als Pausenband für Alexis Korners Blues Incorporated. Der Name, den sie sich für diesen Auftritt ausdachten, war in ziemlicher Eile gewählt worden. »Brian dachte sich den Namen aus«, erzählt Keith Richards. »Wir hatten kein Gas damals und froren uns den Arsch ab, kein Wasser, nichts, alles war abgestellt. Aber endlich hatten wir einen Gig, also sagten wir: Rufen wir doch *Jazz News* an, um eine Anzeige aufzugeben. Also ruft Brian einfach mal da an, und die fragen: Wer?! Wir hatten uns aber noch gar keinen Namen überlegt, und jede Sekunde am Telephon kostete wertvolles Geld. Da lag eine Platte von Muddy Waters herum – ›Das Beste von Muddy Waters‹ –, und der erste Song darauf war ›Rollin' Stones Blues‹. Und Brian sagte in aller Panik: Ich weiß nicht ..., die Rolling Stones.«

Als die Beatles im Dezember 1960 wieder zurück in Liverpool waren, da hatte bei ihrem ersten Auftritt im Casbah die Musik »die Muskelkraft eines Preiskämpfers«, wie Philip Norman schreibt. »Sie rockten den kleinen Club unter dem Viktorianischen Haus, wo nichts Sündigeres getrunken wurde als Pepsi Cola, wo niemand etwas anderes einwarf als Erdnüsse.« Der spätere Teenager-Wahnsinn kündigte sich noch recht harmlos an in jenen Tagen – auch wenn sich erste Anzeichen bemerkbar machten. Als die Beatles am 27. Dezember in der Litherland Town Hall auftraten, »Direct from Hamburg«, wie das Schild versprach, da erwarteten sie auf jenem Parkplatz, wo ein paar Monate zuvor Stu Sutcliffe nach einem Konzert noch niedergeschlagen worden war, diesmal quietschende Mädchen, die den Wagen der Beatles mit Lippenstift beschmierten. Und als sie dann Anfang 1961 ihre ersten Auftritte im Cavern Club hatten, da stauten sich die Leute schon einige hundert Meter weit – gestylte junge Büroangestellte aus der Stadt, die zu diesen Mittagskonzerten drängten. Der nächste Schritt bestand in einem neuen Engagement in Hamburg im April, diesmal im Top Ten. In jenen Tagen trennte sich Stu Sutcliffe von der Band, um seine Kunstkarriere voranzutreiben und Astrid Kirchherr zu heiraten; nur ein Jahr später sollte er an einem Gehirntumor sterben. Zudem verabschiedeten sich die Beatles in Hamburg von Manager Williams und nahmen ihre erste Platte auf: Bert Kaempfert hatte sie als Hintergrund-Band für Tony Sheridan engagiert, als die Beat Brothers.

»Viele Menschen fragen: Was sind die Beatles? Warum Beatles? Ähm, Beatles, wie ist es denn zu dem Namen gekommen? Also werden wir es euch sagen. Es war eine Vision – ein Mann erschien auf einem flammenden Kuchen und sagte zu ihnen: ›Von diesem Tag an seid ihr die Beatles.‹ ›Vielen Dank, Mister‹, sagten sie ...« In Liverpool war mittlerweile eine Seuche ausgebrochen: der Beat. Es gab sogar ein eigenes Organ, eine Zeitschrift namens *Mersey Beat*, in der sich bereits in der ersten Ausgabe John Lennon über Visionen von flammenden Kuchen auslassen durfte. Am 31. August schrieb der Cavern-DJ Bob Wooler, die Beatles seien »das größte Ding, das Liverpool seit Jahren erlebt hat« – Stil und Auftreten beeindruckten die Jungs, und die Mädchen seien angesichts des dunklen Schönlings Pete Best ganz weg. Im Cavern Club jedenfalls mußten die Mädchen schon über die Köpfe der Menge hinweg weitergereicht werden, wenn sie zur Toilette wollten – so voll war der Club an den Abenden, an denen die Beatles auftraten: in schwarzen Lederhosen und schwarzen Lederjacken mit hochgestelltem Kragen, mit struppigen Haaren, nach vorne in die Stirn gekämmt.

»Im Unterschied zu allen anderen britischen Gruppen«, beschreibt Nik Cohn die Qualität der Beatles in jenen Tagen, »versuchten sie nicht, Amerika nachzuäffen; sie klangen so, wie sie waren: das Liverpool der Arbeiterklasse, keine Imitation, und darum hatten sie Kraft, darum wollte Brian Epstein sie managen.« Dem war es längst zu langweilig geworden, die Plattenabteilung von NEMS zu leiten, dem Elektroladen seines Vaters, der sich mit dem Fernsehboom Ende der fünfziger Jahre zu einem ansehnlichen Geschäft entwickelt hatte. Und weil auch die Beatles gerade recht orientierungslos darauf hofften, daß etwas, daß irgend etwas passierte, kamen sie schnell miteinander ins Geschäft. Die Beatles spielten damals eine Mischung aus klassischem Rock'n'Roll und kommerziellem R & B: »roh, ungeschliffen und ohrenbetäubend – aber sehr aufregend«, wie Nik Cohn schreibt; da sollte es nicht allzu schwierig sein, dachte Brian Epstein, einen Plattenvertrag für die Jungs aufzutreiben, die immer noch in dem schwitzigen, engen Keller des Cavern Club auftraten.

Am 9. November hörte sie Epstein dort während einer der überfüllten Mittagsvorstellungen das erste Mal spielen, am 3. Dezember schlug er den Beatles vor, sie zu managen, am 10. nahmen sie seinen Vorschlag an, am 13. sollte sich ein Mann von der Plattenfirma Decca die Beatles anschauen, am 1. Januar 1962 sollten sie Probeaufnahmen bei Decca in London machen. So begann die legendäre Geschichte von dem schüchternen, aber ehrgeizigen Brian Epstein, der einmal Schauspieler werden wollte, und den Jungs in der Lederkluft, die da auf der Bühne standen und bewundert wurden; die Story von den Popkönigen und dem »bürokratischen Überkönig«, wie Klaus Theweleit die Beziehung von Elvis und Colonel Tom Parker beschrieben hat, »ein unartistisches Double, genannt Manager.« Eine klassische Pop-Fabel. Wobei Pop natürlich selbst die Erzählweisen produziert, die daraufhin den Anschein erwecken: Ja, die Welt, die Realität, das Leben, das alles funktioniert genau so, wie Pop es beschreibt.

Es gibt zwei Photos, die dokumentieren, wie sich die Beatles bis zu Beginn des Jahres 1963 veränderten. Auf dem einen, dem Titelblatt der Januarausgabe des *Mersey Beat*, sind vier Jungs in zerknautschten Lederklamotten zu sehen: Ernst und stolz steht John Lennon im Vordergrund, ebenso ernst und mißgelaunt guckt George

Harrison unter seinen dunklen Augenbrauen hervor, ernst und ein wenig pummelig hat Paul McCartney seine Gitarre fest im Griff, ernst und etwas abseits sitzt Pete Best vor seinem Schlagzeug. Ein wenig hätten sie sich schon freuen können, schließlich hatten 5000 Leser der Zeitschrift gerade die Beatles vor Gerry and the Pacemakers, den Remo Four, Rory Storm and the Hurricanes, Kingsize Taylor and the Dominoes und den Big Three zur populärsten Band Liverpools gewählt. Das zweite Bild ist auf dem Cover des ersten Nummer-eins-Hits der Beatles: »Please Please Me« vom Januar 1963. Diesmal posieren die vier vor einer Autoruine – und diesmal in enggeschnittenen schwarzen Anzügen, mit ordentlichen weißen Hemden, Krawatten. Sie blicken ein bißchen munterer in die Kamera – und der am Schlagzeug grinst sogar: Ringo Starr sitzt da und hält seine Schlagzeugstöcke wie zwei Teppichklopfer. Was war passiert?

Zunächst hatten sie keinen Plattenvertrag bekommen, jedenfalls nicht so leicht und schnell, wie sich das Brian Epstein vorgestellt hatte. Schließlich – so die Überlegung – stand er ja in gutem Kontakt mit Londoner Plattenfirmen wie Decca, EMI, Philips oder Pye. Und tatsächlich reiste jemand von Decca nach Liverpool, das Label, das immerhin Tommy Steele unter Vertrag hatte, dazu Buddy Holly, Little Richard und die Everly Brothers. Aber bei den Probeaufnahmen in London am Neujahrstag 1962 klappte wenig, von der Anfahrt über verschneite Straßen bis zur Beschaffung des Equipments, das sie sich leihen mußten; außerdem waren die vier reichlich nervös. Decca-Chef Dick Rowe hatte seinen jungen Assistenten Mike Smith geschickt, und der schlug nach den mißglückten Proben schließlich vor, doch lieber die Londoner Gruppe Brian Poole and the Tremeloes unter Vertrag zu nehmen. Später, als das ganze Ding nicht mehr aufzuhalten war, da wurden die Probebänder natürlich geklaut und als *Bootlegs* veröffentlicht. Und aus Dick Rowe – dem »Dagobert Duck des Pop« (Cohn) – machte dieses Fehlurteil recht bald jemanden, der der Nachwelt als »Der-Mann-der-die-Beatles-abgelehnt-hat« erhalten blieb.

Aber auch andere, etwa die EMI-Labels Columbia und HMV, wollten nichts von dieser Band wissen, die so anders klang als die Shadows – und die verkauften sich in diesen Tagen nun mal. Es war schließlich Brian Epstein, der den Beatles das Erscheinungsbild und das Auftreten verpaßte, das seinen Vorstellungen einer Popgruppe entsprach: Jederzeit pünktlich sollten sie sein, auf der Bühne korrekt auftreten, dazu mit einem fest einstudierten Programm. Und wenn sie schon rauchen mußten, dann zumindest nicht die Zigarette der Arbeiterklasse, die Woodbines, sondern lieber die etwas schickere Senior Service. Die größte Veränderung aber betraf ihre schwarze Lederkluft. John Lennon wollte sie nicht aufgeben, Paul McCartney war hingegen dafür, den anderen war es egal – schließlich traten sie Ende April 1962 erstmals in schillernden grauen Anzügen auf, mit Samtkragen und schmalem Revers. Aus den wilden Teds, die sich geprügelt hatten und daraufhin Lokalverbot in Pubs erhielten, waren mustergültige Vorzeigetypen geworden, für die sich vielleicht doch ein Plattenvertrag abschließen lassen konnte; recht sympathische Kerle, die von nun an eine ganze Weile lang mit einem reichlich nervtötenden Grinsen im Gesicht durch die Welt geschickt wurden.

»Sie müssen verrückt sein«, hatte Epstein die Decca-Crew im Februar angeraunzt, »die Jungs hier werden bald explodieren. Ich bin mir absolut sicher: Eines Tages werden sie größer sein als Elvis!« Währenddessen spielten die Beatles wieder in Hamburg, diesmal allerdings im Star-Club, und ein gewisser George Martin von Parlophone Records wurde auf sie aufmerksam. Martin war etwa 15 Jahre älter, stets elegant gekleidet, und er wirkte eher wie ein strenger Gymnasiallehrer denn wie ein Pop-Mogul. Parlophone gehörte zwar zu EMI, besaß aber innerhalb des Hauses eher das Image eines Junk-Labels, mit Platten von Peter Ustinov oder Peter Sellers. Aber immerhin: Im Juni, nach ihrer Rückkehr aus Hamburg, sollten sie für Probeaufnahmen bei Parlophone vorbeikommen. »Gratuliere, Jungs«, telegraphierte Epstein, »bitte studiert schon mal neues Material ein.«

»Love Me Do«, die erste Single der Beatles, wurde am 4. Oktober 1962 veröffentlicht – zu einem Zeitpunkt, als amerikanische Gruppen die Charts fest im Griff hatten, als »Let's Dance« den Twist nach Europa brachte, als – wie es hieß – Gitarrenbands im Grunde »on the way out« waren. Die Probeaufnahmen mit George Martin waren recht gut gelaufen. Pete Best allerdings, das wurde immer deutlicher, mußte gehen – da waren sich John Lennon, Paul McCartney und vor allem Brian Epstein einig. Also sprachen sie einen Schlagzeuger an, den sie aus Hamburg kannten, wo er 1961 einmal mit ihnen gespielt hatte. 25 Pfund Gage die Woche könnten sie bezahlen, erklärten sie, dafür müßte sich Ringo Starr allerdings seinen Bart abschneiden und natürlich die Haare nach vorne kämmen. Die Koteletten durfte er behalten. Weil sich aber die Fans darin einig waren, daß Pete Best mit Abstand der bestaussehende Beatle war, schallten beim nächsten Auftritt im Cavern Club »Pete Best forever – Ringo, never!«-Rufe durch den Raum. Und einige Mädchen hielten sogar Trauerwache vor der Tür der Familie Best.

Es half nichts. Der Junge mit den traurigen Augen, der mit einem Monat Verspätung als Richard Starkey am 7. Juli 1940 in Liverpool auf die Welt gekommen war, der mit acht Jahren noch nicht recht lesen konnte und später zwei Jahre in einem Lungensanatorium verbringen mußte, der Schlagzeuger also, den sie wegen seiner Vorliebe für auffälligen Fingerschmuck »Rings« nannten, saß im September mit den anderen drei im Studio, um Epochales zu leisten: »Love Me Do« auf der A-Seite, »P.S. I Love You« auf der B-Seite. Auch wenn es im Vergleich zu den Dingen, die noch kommen sollten, aus heutiger Sicht bescheiden wirkt: Das Lebensgefühl der Jugend Großbritanniens änderte sich in diesen Monaten unwiderruflich, und die Beatles waren daran genauso beteiligt wie der erste James-Bond-Film *Dr. No* oder die Satire-Sendung »That Was The Week That Was« auf BBC. »Von jetzt an«, schreibt Ian MacDonald in seinem Buch *Revolution in the Head*, »von diesem Moment an war das soziale Kräfteverhältnis in England nicht mehr das gleiche: Das klassenbewußte und respektvolle Verhältnis ›Älteren und Besseren‹ gegenüber mußte der direkten und furchtlosen Energie der ›jüngeren Generation‹ Platz machen. ›Love Me Do‹ war das erste, noch weit entfernte Läuten der Revolutionsglocken, und es hatte viel mehr zu bedeuten als nur die Summe seiner ›Teile. Ein neuer Geist breitete sich aus: arglos und unverfroren – und durch nichts zu beeindrucken.«

Diese Verschiebung der Kräfteverhältnisse spielte sich in jenem Herbst ab, als die Menschheit Zeuge einer ganz anderen Kraftprobe wurde und am Abgrund eines Atomkrieges stand; als vor der Insel Kuba russische und amerikanische Kriegsschiffe aufeinander zusteuerten und die Welt gebannt vor dem Fernseher saß. Wie ein Jahr später bei der Ermordung John F. Kennedys gab es also auch 1962 eine merkwürdige Verwicklung von Pop und Politik – beide Ereignisse sollten sich tief in das Gedächtnis der Jugend einbrennen.

»Was die Rolling Stones im Oktober 1962 am meisten beschäftigte«, so Philip Norman, »war die Frage, ob sie noch eine Woche überleben würden.« Mick Jagger, Keith Richards und Brian Jones hatten gemeinsam eine schäbige Zwei-Zimmer-Wohnung im Stadtteil Chelsea gemietet, wo sie die Zeit damit zubrachten, Geld in den Automaten zu stecken, der für Elektrizität sorgte, oder Pläne zu schmieden, wie sie der vielen Ratten Herr werden konnten – Richards plädierte für einen Revolver. Jagger studierte offiziell immer noch an der LSE, wo man ihm aber kaum den Trick beigebracht haben dürfte, sich morgens nach einer Party in Nachbarswohnungen zu schleichen, um die Pfandflaschen einzusammeln. Auch Brian Jones war stets damit beschäftigt, Geld aufzutreiben – allerdings um die Stromversorgung seines Föns und damit den Halt seiner Frisur sicherzustellen. Es sah also nicht besonders gut aus für die Rolling Stones: Die Gruppe spielte dann und wann im Marquee, unglücklicherweise vor Leuten, die Jazz hören wollten und nicht das Zeug, das die Stones spielten. Außerdem hatten sie immer noch keinen Schlagzeuger (ein auch den Beatles bekanntes Problem), und als Keith Richards auch noch Harold Pendleton, dem Chef des Marquee, mit seiner Gitarre eins überzog, da blieb ihnen im Grunde nichts anderes übrig, als in die Vorwärtsverteidigung zu gehen. Ian Stewart, der Mann am Klavier, besaß einen kleinen Lieferwagen, und so machten sie sich am Wochenende auf und fuhren die Pubs ab, um dort zu spielen – wenn nicht gerade der Schnee die Straßen lahmlegte, was in diesem Winter häufiger vorkam. Und weil das neue Jahr erneut besonders heftige Schneefälle beschert hatte, saß am 12. Januar 1963 fast die gesamte Nation vor dem Fernseher, um sich die Pop-Show »Thank Your Lucky Stars« anzuschauen.

Brian Epstein wollte nichts dem Zufall überlassen. Immerhin war er ja für die Plattenabteilung bei NEMS zuständig, was lag da also näher, als dem Erfolg ein wenig nachzuhelfen. Und tatsächlich – obwohl sich immer noch ein Großteil der 10 000 Beatles-Singles, die Epstein bei Parlophone bestellt hatte, im Lager von NEMS stauten – kletterte »Love Me Do« in den britischen »Top 100« langsam nach oben – bis auf Platz 17 im Dezember. Noch im November hatten die Beatles ihre zweite Single aufgenommen – allerdings nicht den Song, den George Martin zunächst von ihnen wollte, »How Do You Do It?« (von einem gewissen Mitch Murray), sondern erneut eine

McCartney-Lennon-Komposition. »Gratuliere meine Herren«, sagte George Martin, als er »Please Please Me« das erste Mal hörte: »Sie haben gerade ihren ersten Nummer-eins-Hit produziert.« Ein letztes Mal gingen die Beatles für zwei Wochen nach Hamburg in den Star Club, und als sie im Januar wieder zurückkehrten, wurden sie auf das britische Fernsehpublikum losgelassen. Und so sahen sechs Millionen eingeschneite Teenager diese vier Liverpooler Jungs, die nicht ernst waren wie andere Rockstars, sondern sich ständig angrinsten; die nicht feste Schritte einstudiert hatten, sondern munter herumhüpften; und die schließlich »Whoa yeah!« brüllten. Das war's. »Thank Your Lucky Star« war die zweitwichtigste Sendung in Sachen Ankurbelung der Plattenverkäufe – und am 2. März 1963 landeten die Beatles wie von Martin prophezeit ihren ersten Nummer-eins-Hit in England. Im gleichen Monat begann sich zudem ein weiteres pophistorisches Ereignis zu entfalten, eine Geschichte, die England den ganzen verregneten Sommer von 1963 über beschäftigen sollte: die vertrackte Affäre um den Kriegsminister John Profumo und die Edelprostituierte Christine Keeler.

Wenn Mick Jagger, Brian Jones und Keith Richards an diesen Winterabenden in ihrer unterkühlten Wohnung saßen und Radio hörten, dann konnten sie immer häufiger in der ansonsten konservativen BBC Chuck Berry oder Bo Diddley hören, »wenn auch durch den Filter eines breiten schottischen Akzentes und mit einem Grinsen, das man fast hören konnte«, wie Philip Norman schreibt. Die Sendung hieß »Saturday Club« – und war besonders für Bands gedacht, die noch nicht den Durchbruch geschafft hatten. Also bewarben sich auch die Rolling Stones, wurden tatsächlich zum Vorspielen eingeladen, Brian Jones mit zurechtgeföntem Beatles-Haar – und hinterließen keinen schlechten Eindruck. »Man sagte uns, daß sie uns als Band mochten«, erzählt Bill Wyman, der inzwischen als Bassist zu der Gruppe gestoßen war, »aber daß sie uns nicht engagieren konnten, weil unser Sänger zu sehr wie ein Farbiger klang.«

Immerhin hatten die Stones mittlerweile einen Schlagzeuger, Charlie Watts, auch wenn der eigentlich lieber Jazz spielen wollte und den alten Hasen Alexis Korner um Rat bat, weil er noch ein Angebot der angesehenen Gruppe Blues By Six vorliegen hatte. »Ich sagte ihm«, so Korner, »daß meiner Ansicht nach die Rolling Stones wohl mehr Arbeit bekommen würden als die anderen, auf Dauer jedenfalls.« Den ersten Auftritt im Crawdaddy Club Anfang 1963 verdankten sie aber dem harschen Winter. »Bitte, Giorgio, verschaff uns ein paar Gigs«, hatte Brian Jones Giorgio Gomelsky, den Besitzer des Clubs, angefleht, und als der schließlich nachgab, weil an einem Sonntag wegen der Schneefälle die gebuchte Formation nicht kommen konnte, da sah er eine Band, die nur wenige Wochen nach ihrem ersten Auftritt einen völlig anderen Eindruck hinterließ. Zum einen wegen Brian Jones, zum anderen wegen Charlie Watts. »Alles war in Ordnung«, berichtet Philip Norman, »nur der Leadsänger war zu sehr daneben – mit seinem Pulli, der ihm von den Schultern rutschte wie ein Sommerkleidchen, und seinem Riesenmund, der so klingen wollte wie ein Schwarzer, während seine Augen umherwanderten, um sich in den Wandspiegeln reflektiert zu sehen. An diesem

»Whoa yeah!« – Das war's. Die Beatles, wie Brian Epstein sie sehen wollte: uniformiert, arglos, unverfroren – und durch nichts zu beeindrucken. Auch nicht durch Fernsehkameras, die die entscheidenden Momente festhielten. Von links: Paul McCartney, George Harrison, John Lennon, am Schlagzeug der traurig dreinblickende Ringo Starr.

verschneiten Sonntagabend, im Hinterzimmer eines Pubs, wo Flaschen zerbrachen und Dartpfeile durch die Luft flogen, an diesem Abend fingen die Stones an, brillant zu sein.«

Im März also nahm der Wahnsinn seinen Lauf – die Beatles starteten ihre Charme-Offensive, die vor allem deshalb so gut funktionierte, weil sie etwas boten, was Popstars bis dahin nicht bieten konnten: »Sie waren witzig, lebendig, intelligent; sie schmeichelten und amüsierten und begeisterten alle, die sie trafen«, beschreibt Philip Norman den Anfang ihrer fabelhaften *success story*. Eine Erfolgsgeschichte, die einer Explosion an Öffentlichkeit gleichkam, eine Frage des Stils, des Aussehens, der Äußerlichkeit und des Image – und die deshalb auch eine Erfolgsgeschichte der Medien war, der Presse, des Radios und des Fernsehens. Wobei die entscheidenden Momente vom Fernsehen diktiert wurden. Es war ein Erfolg in einer Zeit, in der die Medien erstmals die Macht über das öffentliche Bewußtsein eroberten. Eine Macht, die sie nie wieder hergeben sollten.

Noch hielt sich die nationale Presse zurück, aber das Interview, das die junge Pop-Kolumnistin Maureen Cleave ein paar Tage nach dem Fernsehauftritt der Beatles mit ihnen führte, fängt etwas von dem Charme ein, der bald das übrige Land und schließlich den Rest der Welt von Philadelphia bis zu den Philippinen betören sollte. »Die Beatles brachten mich zum Lachen, so unkontrolliert, wie ich zuletzt als Kind gelacht habe«, schrieb Cleave im Londoner *Evening Standard*. »Ihr Humor war scharf und schnell – vor allem der John Lennons. Sie strahlten alle diese wundervolle Stimmung aus – es war nicht Unschuld, aber alles war neu für sie. Sie wollten alles über die Welt erfahren, sie wollten alles verstehen.« Sie beschrieb John Lennons »verheerend brutale Oberlippe«, den »gutaussehenden, traurigen, unordentlichen« George Harrison, das »runde Babygesicht« Paul McCartneys und den »häßlichen, aber süßen« Ringo Starr. Damit hatte sie als eine der ersten begriffen, daß – wie Greil Marcus es ausdrückte – »die Beatles größer waren als ihre Teile, aber die einzelnen Teile waren so unterschiedlich und attraktiv, daß die Gruppe alles sein konnte für alle Leute, mehr oder weniger. Man mußte nicht alle in der Gruppe lieben, um die Gruppe zu lieben, aber man konnte nicht einen lieben, ohne die Gruppe zu lieben, und deswegen wurden die Beatles größer als Elvis.«

4. »I Want To Hold Your Hand« vs. »I Just Want To Make Love To You« – Die britische Invasion Amerikas

Yeah, you've got that something,
I think you'll understand.
When I'll say that something
I want to hold your hand.
Beatles, 1963

I don't want you to be no slave
I don't want you to work all day
I don't want you to be true
I just want to make love to you
Rolling Stones, 1964

»Wir fuhren durch Colorado und hatten das Radio an, und acht Songs aus den ›Top ten‹ waren Beatles-Songs. In Colorado! ›I Want To Hold Your Hand‹, die ganzen frühen Songs. Die Beatles machten Dinge, die sonst niemand machte. Ihre Akkorde waren unerhört (...) Aber ich behielt meine Begeisterung lieber für mich. Jeder sonst fand, die Beatles seien etwas für teenyboppers, die Mode einer Saison also, etwas für hysterische Mädchen vielleicht – die würden sicher bald vergessen sein. Für mich war klar, daß sie sich durchsetzen würden. Ich wußte, daß Musik sich in diese Richtung bewegen mußte (...) Mir schien, daß da eine ganz neue Zeitrechnung begann. So etwas war mir bisher noch nie passiert.« Der Euphoriker, der da durch Colorado fuhr, hieß Bob Dylan, und er behielt bekanntlich recht. Doch es hatte ziemlich lang gedauert: Die Beatles hatten in England schon eine eigene Radioshow auf BBC, »Pop Go The Beatles«, hatten schon für die Royals gespielt, hatten schon eine Handvoll Nummereins-Hits, und wo auch immer sie bei ihren Konzerten auftraten, es hagelte Gummibärchen, die kreischende Mädchen für George Harrison auf die Bühne schleuderten. In den USA begann sich der Steppenbrand, der die Welt erfaßt hatte, allerdings erst ab dem 26. Dezember 1963 auszubreiten: *Beatlemania.*

»Die Beatles traten die Tür ein«, stellte Keith Richards später fest, »und wir haben uns hinter ihnen hineingedrängelt.« Im Crawdaddy Club spielten sich mittlerweile wilde Szenen ab, die Rolling Stones waren zur »Stimme der Hooligans« geworden, wie Nik Cohn meint.

Innerhalb weniger Wochen nach ihrem ersten Auftritt trafen sich im Frühjahr 1963 hier Mods mit ihren Lambretta-Rollern, Rocker in schwarzem Leder, Mittelklasse-Teenager, Kunststudenten, dazu der *Record Mirror* und sogar der *Daily Mirror*. Und im *Record Mirror* erschien ein Artikel, der die Szenerie für die Nachwelt festhielt: »Die Fans verlieren schnell ihre Hemmungen und verdrehen sich zu dieser wirklich aufregenden Musik. Fakt ist, im Gegensatz zu allen anderen R & B-Gruppen, die diesen Namen verdienen, haben die Rolling Stones definitiv einen visuellen Reiz. Sie sind selbst echte R & B-Fanatiker und singen und spielen, wie man es eher von einer farbigen US-Gruppe erwarten würde als von einer Horde wilder, aufregender weißer Jungs.« Und Bill Wyman erzählt von den Auftritten im Crawdaddy, daß »es einfach verrückt war: Sonntag nachmittags gab es diese riesigen Schlangen von Leuten, die uns sehen wollten, und 400 im Hinterzimmer von diesem Pub. Wenn wir spielten, das war wie Magie. (...) Die Decke war so niedrig, und wenn wir diese verdammten Bo-Diddley-Nummern brachten, ›Doing The Crawdaddy‹ oder ›Pretty Thing‹, mit diesem Tremolo, dann spielten wir ein Stück zwanzig Minuten lang, und die Menge war wie hypnotisiert, es war ein Stammes-Ding.« Und eines Abends, es war im April, da ging die Tür auf, die Jungs auf der Bühne schauten sich kurz an und dachten: »Fuck! Das sind ja die fucking Beatles, oh fuck ...«

Es muß ein sehr freundlicher Abend gewesen sein: John Lennon lobte Brian Jones für sein Mundharmonika-Spiel, man fuhr in die ärmliche Stones-Wohnung in Edith Grove in Chelsea, die Beatles berichteten davon, wie man mit Musik Geld verdienen konnte, und Mick Jagger dachte sich: Warum schreiben auch wir nicht endlich unsere Songs selbst? Und als die Beatles eine Woche später ihr erstes großes Londoner Konzert in der Royal Albert Hall hatten, veranstaltet von der BBC, da saßen die Rolling Stones im Publikum, und Brian Jones, den danach ein paar Mädchen für einen der Beatles hielten, war ganz verzaubert von dem Pop-Glamour: »Das will ich auch ...«, sagte er immer wieder auf dem Nachhauseweg, »das will ich auch!«

Dazu brauchte es aber erst mal einen umtriebigeren Manager als Giorgio Gomelsky – und bald sollten die Rolling Stones einen haben, der selbst so etwas wie ein Popstar war: Andrew Loog Oldham, Teilzeit-Teekocher für Mary Quant, die Mutter des Minirocks; Entführer junger und reicher Erbinnen; PR-Assistent für den Beatles-Manager Brian Epstein. »Oldham«, beschreibt Nik Cohn diesen damals verdammt jungen Kerl, »war sicher die schillerndste Persönlichkeit, die es im britischen Pop je gegeben hat, der anarchischste und besessenste und einfallsreichste Gauner von allen.« Phil Spector war Oldhams Vorbild, der Erfinder der »Spectorsounds«, der den Teenagern Platten verkaufte, die »verzweifelte Ergüsse von Haß und Paranoia, von Wut und Enttäuschung und dem Traum der Apokalypse« (Cohn) waren, und der damit im Alter von 22 Jahren zwei Millionen Dollar im Jahr verdiente. Als Oldham die Stones sah, wußte er sofort, daß er da etwas Großes vor sich hatte: »Es war Sex. Und ich war einen Schritt vor dem Rest der Meute dran.«

Das erste, was Andrew Loog Oldham dann hörte, als er den potentiellen Geldgeber Eric Easton in den Crawdaddy Club schleppte, lautete: Recht beeindruckend, »nur der Sänger muß gehen. Der wird der BBC nicht gefallen.« Brian Epstein hatte Oldhams Angebot abgelehnt – 50 Prozent der Rolling Stones im Austausch für Büroraum und sonstige Dienste, um die Band ins Rollen zu bringen. Aber schließlich waren »seine« Beatles gerade Nummer eins mit »From Me to You«, was sollte er also mit dieser Band, deren Frontmann nicht mal richtig singen konnte? Es war schließlich jener berühmte Unglücksrabe, der nicht nur den Stones eine Chance gab, sondern sich selbst eine zweite gleich mit: um sich von der Schmach zu befreien, auf ewig der Mann zu bleiben, der die Beatles abgelehnt hatte. Am 10. Mai 1963 jedenfalls nahmen die Rolling Stones für Dick Rowe und Decca Records ihre erste Platte auf: »Come On« von Chuck Berry auf der A-Seite und »I Want To Be Loved« von Muddy Waters auf der B-Seite. »Wir waren drei Stunden im Studio und mochten es überhaupt nicht«, erzählt Bill Wyman. »Sie brachten die Platte auf den Markt, und vier Monate lang war sie dann in den Charts.« Aufregung, Erfolg und ein bißchen Geld für die Miete, aber auch »eine Vorahnung des Todes, weil in den frühen Sechzigern niemand länger durchhielt als zwei Jahre«, erinnert sich Keith Richards. »Egal, wie groß du warst, wenn du nicht Elvis warst, dann erwartete man, daß du auf dem Höhepunkt deiner Karriere verschwindest.«

»One-hit-wonders« hatte es genug gegeben im britischen Pop-Geschäft, die Kalin Twins 1957, die Allisons 1960, die Brook Brothers

1961. Was also, fragte sich George Martin, was war zu tun, um zu verhindern, daß die Beatles das gleiche Schicksal ereilte? Vielleicht: der Single gleich eine LP nachschieben. Martin schickte die vier also am 11. Februar mit dem Song-Material ins Studio, das sie auch bei ihren Auftritten im Cavern Club spielten. Nach 13 (manche sagen bereits nach zehn) Stunden kamen sie wieder heraus, und als ihr erstes Album »Please Please Me« am 22. März erschien, da hatten sich die Beatles endgültig als Songschreiber der Sonderklasse etabliert. Acht Songs hatten Paul McCartney und John Lennon selbst geschrieben – das hatte es bis dahin noch auf keiner britischen Pop-LP gegeben. Rauh und schnell klang »I Saw Her Standing There«, das sie noch 1962 in Hamburg geschrieben hatten – in einer suggestiven Umgangssprache und mit einer »Direktheit der Metaphern und einem Tempo, daß es den gierigen jungen Radiohörern wie ein herrlich harter Schlag in die Magengrube erscheinen mußte«, wie Ian Mac Donald schreibt. Außerdem gab es noch »There's A Place«: John Lennons stolze und ein wenig spitze Freiheits- und Unabhängigkeitserklärung – eine erste Hymne auf die neue Jugend. Und es gab dann noch »Twist And Shout«, der US-Hit der Isley Brothers vom vorangegangenen Sommer, den die Beatles um zehn Uhr abends am Ende der Studiosession aufgenommen hatten, als George Martin noch etwas Wildes als abschließenden Titel des Albums suchte: John Lennon, der sich die Lunge aus dem Leib schrie, daß es George Martin ganz angst und bange wurde; ein erster symbolischer Höhepunkt der *Beatlemania*, ein Song, so Ian MacDonald, »der den Eltern, so liberal sie auch sein mochten, das Fürchten lehrte«.

Der 22. März war noch in anderer Hinsicht ein bemerkenswerter Tag: Gerry and the Pacemakers belegten mit »How Do You Do It?« den ersten Platz der Hitparaden; und weil die Band nicht nur den gleichen Manager hatte wie die Beatles – ein Manager, der die Journalisten des Landes mit reichlich Infomaterial über seine neueste Entdeckung versorgte –, sondern sie außerdem auch aus Liverpool stammte, deshalb war von da an ein neuer Sound geboren: der »Liverpool Sound« oder auch »Mersey Sound«, nach dem Fluß, der bei Liverpool in die Irische See mündet. Was Liverpool in diesen Tagen angeht, so hat es Nik Cohn am eindrucksvollsten beschrieben: »Es gibt dort einen ganz eigenen schwarzen Stil, Stärke, Witz und Wachheit, auch wirkliche Gewalt, und es ist auch finster dort, sehr finster. Wenn die Pubs zumachen, dann drücken sich alle in den Ecken herum und warten, was passiert, und wissen nicht, wohin sie gehen sollen. Die Clubs sind klein, verschwitzt und blöd. Die Kids trauen sich nicht allein auf die Straße, sonst werden sie von den Guerillas umgenietet. Das ist Amerika in England: Wenn man ausgeht, dann kriegt man unausweichlich eins auf die Nase.«

Auch »From Me To You«, die dritte Single der Beatles, die im April auf den Markt kam und Ende des Monats bereits Platz eins erobert hatte, war mit einem ähnlich aufwendigen Handout angekündigt worden wie die von Gerry and the Pacemakers; aber noch schien Brian Epstein nicht zu merken, daß die Beatles mehr waren als bloß eine weitere Band aus Liverpool. Immerhin hatte er verstanden – im Gegensatz etwa zum Chef von Decca, Sir Edward Lewis, der »nicht an Publicity glaubte« –, daß man das Privatleben seiner Stars zu einem Teil des Produktes machen mußte. Denn natürlich begann genau damals die Zeit, in der das Private öffentlich und vermarktbar wurde, zu einem Wert, einer Ware. Einen ersten Schritt tat Epstein mit der Anstellung eines PR-Menschen, der sich für die Fan-Clubs eine fiktive Ansprechperson ausdachte: Anne Collingham, von der nicht viel mehr existierte als der Name, eine tausendfach vervielfältigte Unterschrift und eine Vorstellung in den Köpfen der vor allem weiblichen Fans.

Im Frühjahr gingen die Beatles auf Tour durch England, mit Gerry and the Pacemakers und Roy Orbison, da waren sie schon »top of the bill«, und wohin sie auch kamen, Southampton, Cardiff, Worcester – es hagelte Gummibärchen, und die Mädchen schrien wie verrückt. »From Me To You« war an der Spitze der Single-Charts, »Please Please Me« führte die LP-Liste an, und am 24. Mai startete die BBC ihre Radiosendung »Pop Go The Beatles«. Im Juni war dann Gerry Mardsen aus dem Epstein-Stall Nummer eins mit »I Like It«, im Juli ein weiterer Epstein-Sprößling, Billy J. Kramer, mit dem Lennon-McCartney-Song »Bad To Me«; und zu einem Zeitpunkt waren sogar die ersten drei Plätze von Gruppen belegt, die zu Epsteins NEMS-Unternehmung gehörten. Doch es dauerte nicht lange, und der *Daily Mirror* konnte schreiben: »Da sind sie wieder! Andere Länder haben Straßenschlachten oder Armeerevolten. In England marschieren die Beatles.«

»Andrew sagte immer: ›Wenn ihr Platten machen wollt, dann müßt ihr den Pop-Pfad nehmen, dann müßt ihr mitmachen und ein bißchen flexibel sein‹«, erzählt Keith Richards von jenen Tagen, als man eine Platte aufnahm, um sich dann von einem Typen im braunen Mantel sagen zu lassen: Steh dort und mach das. »Also sagten wir uns: Wir werden einfach das machen, was die Beatles nicht machen.« Zunächst aber taten die Rolling Stones genau das, was die Beatles bereits vorgemacht hatten: Sie traten im Fernsehen auf, in der Samstagabend-Show »Thank Your Lucky Stars«. Und dazu mußten sie sich genau an die Regeln halten – Regeln, die die Beatles vorgegeben hatten: Sie mußten sich ordentlich aufführen und ordentlich aussehen, vor allem mußten sie uniformiert sein. Und Keith Richards mußte sogar den letzten Buchstaben seines Nachnamens opfern, um ein wenig an Cliff Richard zu erinnern. Die erste Single der Band sollte am 7. Juni in die Läden kommen, und die Rolling Stones gaben sich alle Mühe, wie eine »richtige« Popband aufzutreten. Wirklich gut klappte beides nicht: Die Telephonleitungen des Fernsehsenders wurden von Protestanrufern lahmgelegt, die diese schmutzigen Typen nie mehr auf dem Schirm sehen wollten, und die Single »Come On« blieb auf Platz 26 der Charts stecken.

Zum Trost hatte ihnen ihr alter Kumpel Giorgio Gomelsky zu einer England-Tour verholfen, die am 29. September beginnen sollte und bei der die Rolling Stones zusammen mit den berühmten Everly Brothers und ihrem R & B-Idol Bo Diddley auftreten würden. Mick Jagger hatte sich endlich dazu entschlossen, das Studentenleben an der LSE aufzugeben, und den Sommer über spielten die Stones zum ersten Mal in einigen kleinen Tanzsälen in der Provinz, »vor Mädchen, die ihre Haare frisiert hatten wie in den Fünfzigern«, erzählt Bill Wyman. »Wir spielten Blues und ein bißchen Chuck Berry dazwischen, um dem Ganzen ein wenig Tempo zu geben. Aber die wußten nicht, was sie zu der Musik machen sollten. Sie konnten dazu nicht tanzen, also standen sie nur rum und starrten uns an. Der Promoter kam dann und stritt sich mit uns auf der Bühne: ›Spielt ein paar bekannte Lieder.‹ Davon wollten wir natürlich nichts wissen – ›Fuck off!‹ war die Antwort.« Also fuhren sie Freitag abends – während der Rest der britischen Jugend vor dem Fernseher saß und in der neuen Show »Ready, Steady, Go« die aktuellsten Frisuren, Hosen, Schuhe und Jacken bestaunte oder die Haarpracht der Beatles diskutierte – in Ian Stewarts altem Kleinbus durch die Provinz und fragten sich, wie es dazu kommen konnte, daß »Northerners« wie die Beatles das neue London eroberten, während sie in Petersborough oder Baldock auftraten. »Ready, Steady, Go« wurde von Cathy McGowan präsentiert, und sie war engagiert worden, nachdem sie auf die Frage »Was interessiert die jungen Leute in England zur Zeit am meisten?« schlicht geantwortet hatte: »Kleidung.«

Was das betraf: In Sachen Bühnen-Outfit hatten sich die Stones für ihre Tour rasch von den Einheitskostümen verabschiedet, die ihnen für den Fernsehauftritt verpaßt worden waren, und im *New Musical Express* wurde das aufmerksam vermerkt: »Das ist die Gruppe«, hieß es da, »die sich lieber locker anzieht, als in einheitlichen Anzügen aufzutreten, und die sich manchmal nicht mal umzieht.« Keith Richards war bis dahin noch nie über den Norden Londons hinausgekommen, jetzt hieß es nicht nur: Derby, Newcastle, Manchester, Birmingham, jetzt hieß es vor allem, neben den Großen zu bestehen. »Es war eine Art Rock'n'Roll-Universität«, sagt Keith Richards über die Auftritte mit Little Richard und Bo Diddley, »sechs Wochen mit diesen Typen, jede Nacht. Wenn du irgendwas über Rock'n'Roll wissen willst – da hast du das ganze Spektrum.« Von Little Richard, so Mick Jagger, habe er wohl mehr gelernt als von jedem anderen. »Ich beobachtete ihn jeden Abend, um zu sehen, wie er mit dem Publikum spielte. Er war ein großer Manipulator, im besten Sinn des Wortes.« Und dann, am 13. Oktober 1963, spielten sie – Little Richard, die Everly Brothers, Bo Diddley, die Stones – alle gemeinsam dort, wo die Helden des Augenblicks herkamen: in Liverpool, zuerst im Odeon Cinema, vor einem halbvollen Zuschauerraum, danach im Cavern Club, der Heimat der Beatles, etwas nervös, aber schließlich laut gefeiert. Die Beatles hatten am gleichen Abend einen Auftritt in London, in der Fernseh-Show »Sunday Night at the London Palladium«. Ein symbolischer Ortswechsel: Denn der 13. Oktober sollte in die Geschichtsbücher eingehen als der offizielle Beginn von *Beatlemania*. »Von diesem Moment an«, so beschreibt es der Beatles-Biograph Philip Norman, »von diesem Moment an waren die Beatles nicht mehr nur eine Teenager-Mode – jetzt waren sie die Schmucktrophäe der ganzen Nation.«

Davor lag ein Sommer, in dem England sich dem Boulevard verschrieben hatte. Fleet Street spuckte ein Detail nach dem anderen darüber aus, wie die 22jährige Prostituierte Christine Keeler nicht nur mit dem konservativen Kriegsminister John Profumo das Bett geteilt hatte, sondern auch mit einem Attaché der russischen Botschaft in London. Es gab Schlagzeilen und neue Enthüllungen und neue Schlagzeilen, Tag für Tag, den ganzen Sommer lang; es gab Gerüchte über wilde Sexspiele der Oberschicht und über einen hohen Politiker, der bei einer Party Kellner gespielt haben soll, nur mit einem Schild bekleidet, auf dem stand: »Wenn Ihnen meine Dienste nicht zusagen, peitschen Sie mich aus«; ein Selbstmord fand statt und der spektakulärste Überfall der englischen Geschichte auf einen Postzug, es gab Vorwürfe gegen den konservativen Premierminister Harold Macmillan, der seit elf Jahren an der Macht war und der im Oktober zurücktreten sollte. Es gab definitiv zu viele Nachrichten, vor allem zu viele schlechte. Was das Land jetzt dringend benötigte, das war ein wenig gute Laune.

Es dauerte nur ein paar Monate, da hatten die Beatles aus Pop nicht nur etwas gemacht, das auch von Eltern gemocht werden konnte, sondern vielmehr etwas so Respektables und sogar für die Queen Annehmbares, daß mancher aus dem Staunen nicht mehr herauskam. Dabei profitierten sie natürlich ihrerseits davon, daß Sex in den vorangegangenen Wochen und Monaten, dank Christine Keeler, aber auch dank James Bond, zu einem durchaus akzeptablen Gesprächsthema geworden war. England hatte sich in dieser Zeit tiefer gehend verändert, als es sich vermutlich selbst bewußt war – »from upper lip to lower hip«, wie Ian MacDonald es zusammengefaßt hat. Seit Anfang 1961 konnte man in England die Antibabypille kaufen, seit Ende 1961 war sie auf Rezept zu erhalten. Die sexuelle Revolution war nicht mehr aufzuhalten, und die Beatles hatten ihren Anteil daran – und nicht erst von dem Moment an, als John Lennon am Ende des Jahrzehnts mit Yoko Ono seine »Bed-Ins« veranstalten sollte.

»Yeah, yeah, yeah«, schallte es mittlerweile durch England, schallte es durch ganz Europa – am 11. September waren die Beatles von den Lesern der Zeitschrift *Melody Maker* zur besten britischen Band des Jahres gewählt worden, am 12. wurde ihre neue Single, für die es eine halbe Million Vorbestellungen gegeben hatte, Nummer eins der Charts: »She Loves You«, »das authentische Destillat der Atmosphäre jener Zeit und eine der explosivsten Pop-Platten, die je gemacht wurden« (Ian MacDonald). Es sollte in England ihre meistverkaufte Single bleiben. Und wann immer George Harrison und Paul McCartney ihre Ponys zu den »ooos« schüttelten, geriet das Publikum ins Delirium. Mehr brauchte es nicht: Das reichte, um Tausende von Fans am 13. Oktober ins Londoner Palladium zu führen, das reichte, um 15 Millionen Briten vor den Fernseher zu bestellen, das reichte, um die Nation aus der Kummer-Ecke zu locken. Das reichte, damit aus den Beatles die fixe Idee einer ganzen Nation wurde.

»Polizei mußte 1000 quietschende Teenager niederhalten« schrieb am nächsten Morgen der *Daily Mirror*, »während die Beatles nach ihrem Fernsehauftritt im Palladium flüchteten.« Weil wohl alle vermuteten, die Beatles würden durch den Hinterausgang verschwinden, hatte man den von einem Chauffeur gefahrenen Austin Princess gut 50 Meter vom Haupteingang entfernt geparkt, damit es weniger auffiel. 50 Meter, die die Sprintqualitäten der Beatles auf den Prüfstand stellten und den Zeitungen im ganzen Land Bilder für ihre Titelseiten lieferten, die nach Chaos und nach Straßenschlachten aussahen. Auch wenn die Zahlen schwanken, die Angaben variieren: Wichtiger als die Musik, und das ist eine Lehre des Pop, wichtiger war der Lärm darum, und wichtiger waren auch die Bilder. Oder wie Nik Cohn meint: »Der Punkt ist, daß es bei Pop nicht um gute Platten geht, um schöne Stimmen oder hübsche Menschen – das sind nur Details. Es geht in Wirklichkeit um Superhelden und Superpuppen, um aufgeheizte Massenhysterie und tiefgehende soziale Umwälzungen, um kurzzeitigen kollektiven Wahnsinn. Menschen sind irrelevant.«

Und so ging es auch weiter. Am 16. Oktober wurde bekannt, daß die Beatles zur »Royal Command Variety Performance« des Königshauses geladen waren, Ende des Monats fuhren sie nach Schweden zu ihrer ersten Tour im Ausland – und als sie am 29. Oktober zurückkamen und auf dem Flughafen Heathrow eine Hysterie entfachten, in der sogar der mittlerweile als Nachfolger von Harold Macmillan zum Premierminister gewählte Sir Alec Douglas-Home unterging, da dürfte noch der letzte gemerkt haben, daß da etwas Außergewöhnliches vor sich ging. »Beatlemania!« titelte der *Daily Mirror* aufgeregt nach dem Konzert, das die Beatles am 4. November vor einem überfüllten Saal samt Queen und höfischem Anhang gegeben hatten – und schickte unter der Überschrift »Yeah! Yeah! Yeah!« gleich noch einen Artikel nach, der sich vor Begeisterung kaum noch im Zaum halten konnte. »Du mußt schon ein wirklich sauertöpfischer Spießer sein«, stand da zu lesen, »wenn du die verrückten, lärmenden, glücklichen und gutaussehenden Beatles nicht liebst. Wenn die es nicht schaffen, deinen Blues wegzuwischen – Bruder, dann bist du wirklich ein hoffnungsloser Fall. Wenn die dich nicht zum Tanzen bringen – Schwester, dann lebst du nicht. Wie erfrischend es ist, wenn man sieht, wie diese lauten, jungen Beatles eine mittelalterliche Royal-Variety-Veranstaltung beim Kragen packen und sie beatlen lassen wie Teenager. Fakt ist: Beatle People sind überall. Von Wapping bis Windsor. Von sieben bis 70 Jahre alt. Und es ist offensichtlich, warum diese vier frechen, energiegeladenen Jungs aus Liverpool so einen Mordserfolg haben. Sie sind jung und neu. Sie sind temperamentvoll und vergnügt. Was für ein Unterschied zu den selbstmitleidigen Jammerlappen, die ihre liebesverlorenen Hymnen hinschmachten, aus den gemarterten Untiefen ihrer lauwarmen Herzen. Die Beatles sind Wirrköpfe. Sie haben Haare wie Scheuerlappen – aber es ist gewaschen, es ist supersauber.« Jetzt war es endgültig geschehen: Die Beatles hatten das Land aus der verdrießlichen Stimmung der Sommermonate gerüttelt. Von nun an sollten sie fast vorbehaltlos zurückgeliebt und von der Queen sogar mit Orden behängt werden – vier fabelhafte Jungs, denen man fast alles verzeihen sollte, exzessiven Drogenkonsum inklusive. »Huch!« und »Ach!« ging es durchs Establishment, als John Lennon am Ende des Konzerts vorschlug, bei »Twist And Shout« sollten doch die Leute auf den billigen Plätzen in die Hände klatschen – »und all ihr anderen, klappert doch einfach mit euren Juwelen«.

»Wir machen aus euch genau das Gegenteil dieser netten, sauberen, ordentlichen Beatles«, hatte den Rolling Stones ihr 19jähriger Manager Andrew Loog Oldham einmal versprochen. »Und je mehr die Eltern euch hassen, desto mehr werden euch die Kids lieben. Wartet nur ab.« Einstweilen ging es für die Stones aber weniger um Liebe oder Haß, sondern schlicht darum, eine zweite Single aufzunehmen. Die Studioaufnahmen für »Poison Ivy« gerieten jedoch zu einer mittleren Katastrophe, und Oldham schlich einigermaßen ratlos durch die Straßen, als ein Taxi neben ihm hielt und zwei vergnügte Beatles heraussprangen. Und nachdem Oldham John Lennon und Paul McCartney sein Leid geklagt hatte, verfügte er plötzlich über einen Song, den er mit den Stones aufnehmen konnte. Lennon und McCartney hatten mit »I Wanna Be Your Man« etwas der R & B-Mode Entsprechendes geschrieben, das sie jetzt Jagger & Co. überließen. Die interpretierten das Ganze im Studio etwas aggressiver, und Anfang Dezember waren sie damit immerhin schon auf Platz 13 der Charts. Da hatten die Beatles mit »I Want To Hold Your Hand« freilich schon ihren nächsten Nummer-eins-Erfolg – das Lied, mit dem sie Amerika erobern sollten.

Und genau in dieser Zeit – als 70 Millionen Amerikaner vor dem Fernseher saßen und den Beatles verfielen, als diese vier gestriegelten Diplomaten »die gesamte Grundlage der anglo-amerikanischen Beziehungen veränderten« (Philip Norman), weil aus dem altbackenen Britannien, das Scotch oder Shakespeare lieferte, mit einemmal die Stimme des Neuen drang – um diese Zeit herum muß es passiert sein: Die ersten Teenager fingen an zu zweifeln. Obwohl ihnen der Lauf der Dinge scheinbar recht zu geben schien – wenn den Eltern und sogar den Großeltern die gleiche Musik gefiel, dann war da definitiv etwas schiefgelaufen. Und so bewahrheitete sich Andrew Loog Oldhams Prophezeiung: Die Rolling Stones wurden wichtig. »Sie schauen wie Jungs aus«, schrieb der *Daily Express*, »die jede Mutter mit etwas Courage im Badezimmer einsperren würde. Aber die Rolling Stones – fünf harte junge Musikmacher aus London, mit ziemlich losem Mundwerk, blassen Wangen und zerzaustem Haar – scheren sich nicht darum, was Mütter denken (...) Jetzt, wo die Beatles bei allen Altersgruppen ankommen, (...) sind die Rolling Stones die Stimme der Teens.«

Ende Januar 1964 hatten die Stones ihre dritte Single aufgenommen, eine Cover-Version von Buddy Hollys »Not Fade Away«, und sie hatten aus dem ruhigen und bedächtigen Original ein vorwärtstreibendes Stück aggressiv-pulsierender Musik gemacht, das weniger nach Buddy Holly klang, als vielmehr so, wie sich Andrew Loog Oldham *seine* Rolling Stones vorstellte. Und um sie an die Spitze zu führen, »nahm er alles, was in den Stones angelegt war, und blies es auf, machte es hundertmal größer«, wie Nik Cohn das Phänomen erklärt. »Langhaarig und häßlich und anarchisch waren sie bereits, Oldham machte einfach mehr daraus und verwandelte sie schließlich in all das, was Eltern am meisten hassen, wovor sie am meisten Angst haben.« Es war ein recht einfacher psychologischer Trick: Je mehr sich die Eltern über die Gruppe beschwerten, desto attraktiver wurden sie für die Jugend. Und so brachte es »Not Fade Away« immerhin schon bis auf Platz drei der Charts.

Und wieder spielten dabei Haare eine nicht unwichtige Rolle. Die Beatles waren schon ins Extrem gegangen, und mancher – so weiß etwa Greil Marcus aus Amerika zu berichten, wo kurze Haare schon immer als Indiz für willkommenen Patriotismus gesehen wurden – fragte sich sogar, ob es biologisch überhaupt möglich sei, daß »normales« männliches Haar wirklich so lang werden könne wie das der Beatles. Aber die hatten dabei wenigstens ordentlich ausgesehen, gepflegt und frisiert. Die Beatles-Frisuren wirkten jedenfalls im Vergleich zu den nackenlangen Mähnen der Rolling Stones noch harmlos, und so wurden letztere recht schnell ordentlich gehaßt. Daran änderte auch die Tatsache nichts, daß etwa Brian Jones sich bis zu dreimal am Tag die Haare wusch. Aber natürlich war genau dieser Haß nicht nur ein geschickt inszeniertes PR-Meisterstück von Andrew Loog Oldham, es war auch das ehrliche Verdienst der Rolling Stones, die schließlich leisten mußten, was Popstars zu leisten haben: Identität schaffen, Abgrenzung ermöglichen. »Natürlich waren die Stones lauter als nötig«, schreibt Nik Cohn, »aber es ist nun mal so, daß jede Pop-Generation es weiter treiben muß als die davor, daß sie das Gefühl haben muß, alles zum ersten Mal zu machen. Es geht darum, arrogant zu sein, eitel und ungehobelt.«

Ungehobelt waren sie zweifellos, das bewies ihre Tour im Februar, und ungehobelt war auch ihr Publikum. Regelmäßig kam es dabei nicht nur zum Kreisch-Inferno von Mädchen, die den Saal im beißenden Geruch von Urin zurückließen, es gab auch immer wieder Prügeleien zwischen Mods und Rockern, die Mick Jagger zusätzlich anheizte, indem er etwa sein Jackett wie ein Stripper vor sich her wedelte. Und auch die Medien hatten schnell verstanden, um was es ging: »Würden Sie Ihre Tochter mit einem von den Rolling Stones ausgehen lassen?« fragte etwa *Melody Maker* in einer Titelzeile. Andrew Loog Oldham hatte es geschafft, die Medienmaschine so in Bewegung zu setzen, daß sie seinen Zwecken diente. Denn natürlich stachelte die allgemeine Empörung über die Stones-Kleidung, vor allem die von Brian Jones, über den mangelnden Respekt und die fehlenden Manieren vor allem den Enthusiasmus der Fans an. Und als sich dann im März elf Schüler weigerten, ihre Haare schneiden zu lassen, und von der Schule mit dem Auftrag ausgeschlossen wurden, ihr Haar so ordentlich wie das der Beatles zu tragen, da berichtete auch der *Daily Mirror* unter der Schlagzeile »Beatle Your Stone Hair« davon. »Die Beatles waren reicher und verkauften mehr Platten«, erinnert sich der langjährige Stones-Gefährte Tony Sanchez an die Lage Mitte der sechziger Jahre: »Aber sie hatten ihre Glaubwürdigkeit eingebüßt mit ihren netten Haaren und ihren beherrschten Auftritten. In London waren bald die Stones die neuen Machthaber. Ihre Frisuren, ihr Benehmen, ihre Kleidung wurden von jedem jungen Mann mit dem Willen zum eigenen Stil nachgeäfft – von eleganten, müßiggängerischen Aristokraten bis zu Schuljungen, die kaum den kurzen Hosen entwachsen waren. Man vergißt oft, wie gewaltig, wenn auch flüchtig, ihr Einfluß war. Keine anderen Musiker in der Geschichte hatten je so eine Macht über die soziale Revolution.«

Amerika erlebte mit dem Fernsehauftritt der Beatles in der »Ed Sullivan Show« am 9. Februar 1964 vermutlich das Schlüsselereignis seiner Nachkriegskultur, wie einige Kommentatoren später vermerken sollten. Es herrschte Beatles-Fieber. Für England galt das spätestens seit dem Beatles-Konzert vor den Royals. Für das zweite Album »With the Beatles« wurden allein 250 000 Vorbestellungen notiert, mehr als für den Elvis-Bestseller »Blue Hawaii«. Die fünfte Single »I Want To Hold Your Hand« schoß mit einer Million Vorbestellungen direkt auf den ersten Platz, insgesamt waren in diesem ersten Beatles-Jahr über drei Millionen Platten verkauft worden, 37 Wochen lang war immer eine Platte an der Spitze der Hitparade, die George Martin produziert hatte. Die Beatles regierten das Land, und das lag nicht zuletzt daran, daß die britische Presse kräftig mithalf. »The mania was Fleet Street's«, wie Philip Norman schreibt. Allein in der Woche nach dem Königskonzert brachte der *Daily Express* fünf Seite-eins-Geschichten über *Beatlemania*. Der *New Musical Express* kürte sie zur besten Band der Welt – mit über viermal so vielen Stimmen wie die nächstplazierten Everly Brothers. Und nachdem die

Times die Beatles, oder besser: John Lennon und Paul McCartney, für ihre Musik zu dem Ballett »Mods and Rockers« schon zu Englands wichtigsten Komponisten des Jahres gekürt hatte, griff die *Sunday Times* zum nächsten Superlativ: »Die größten Komponisten seit Beethoven«.

Vier kleine Beatles gab es schon länger, Strichmännchen, die die Comicseite der *Daily Mail* bevölkerten – bald sollte es ganze Kinderzimmer voller Devotionalien zu kaufen geben, auf denen die vier Pilzköpfe zu sehen waren: Tassen, Untertassen, Rucksäcke, Minigitarren, E-Gitarren, Taschen, Koffer, T-Shirts, Stifte, kragenlose Cord-Jacken, Beatles-Stiefel, ein Beatles-Schlagzeug, Küchenschürzen, Bettdecken, Gürtel, Taschentücher. Das erste Produkt war selbstverständlich die Beatles-Perücke. »Merchandising« hieß die Wortneuschöpfung hinter dem Konzept, mit dem vor allem Walt Disney das 20. Jahrhundert kommerziell verändern und ästhetisch prägen sollte. Konsum ist im Herzen des Pop, und letztlich, so Nik Cohn, lief dabei alles darauf hinaus, daß die Jugend nunmehr endlich »Geld zu verschwenden hatte«. Dumm allerdings für die Beatles, daß Brian Epstein diesen lukrativen Nebenerwerbszweig etwas vernachlässigte. Er engagierte dafür einen jungen Mann, der einen Vertrag unterzeichnete, wonach den Beatles gerade mal zehn Prozent aus dem Merchandising-Geschäft zustanden.

Nach dem 22. November 1963 lag Amerika im Koma und wartete nur darauf, von vier Briten ins Leben zurückgerufen zu werden. Was allerdings nicht selbstverständlich war, denn bis dahin waren alle Versuche kläglich gescheitert, die britische Musik mit ihren amerikanischen Wurzeln nach Amerika zu reimportieren. Aber wenn es jemand gelingen konnte, dann diesen »imaginären Amerikanern«, wie Leslie Fiedler die Beatles einmal genannt hat – und letztlich fügte sich *Beatlemania* ganz wunderbar in die Alltagskultur eines Landes, das Andy Warhol einmal so beschrieben hat: »Das Großartige an diesem Land ist, daß in Amerika die Tradition begründet wurde, daß der reichste Konsument im Kern die gleichen Dinge kauft wie der ärmste. (...) Du weißt: Der Präsident trinkt Coca-Cola, Liz Taylor trinkt Coke, und, sieh mal an, auch du kannst Coke trinken. Eine Coke ist eine Coke, und kein Geld der Welt wird dir eine bessere Coke verschaffen als die, die der Penner an der Ecke trinkt.« Und wenn man statt »Coca-Cola« einfach »Beatles« einsetzt, dann hat man einen Hauptgrund des Beatles-Erfolges erfaßt – und des Welterfolges der Popkultur.

Das große Thema jener amerikanischen Tage im November war natürlich: the President. Mit John F. Kennedy war nicht nur der erste Katholik ins höchste Amt gewählt worden, der damit bewiesen hatte, daß man es schaffen konnte, auch wenn man nicht aus der Herrschaftsschicht der WASPs stammte, jener *White Anglo Saxon Protestants*, die das politische Leben der USA bis dahin weitgehend bestimmt hatten. Da zog plötzlich auch jemand ins Weiße Haus ein, der Stil und Geschmack hatte, gut aussah und verdammt charmant lächeln konnte, der eine ungewöhnlich hübsche Frau hatte mit einem ungewöhnlichen Namen (französisch!); eine Frau, die zu alledem, so wurde gemunkelt, den Twist tanzte – wie das damals auch Greta Garbo und Judy Garland in der Peppermint Lounge in New York taten, zusammen mit Noel Coward und Tennessee Williams, und wie es auch Jean Cocteau in Paris tat. Und wenn Pop bedeutet, »immer jung, immer schön« (Cohn) zu sein, wenn es bedeutet: »it's happening« – dann waren John F. und Jackie Kennedy ganz sicher Pop.

Fest steht: Der Präsident trug verhältnismäßig langes Haar, zumindest als er noch Kandidat war, der Präsident rauchte angeblich Marihuana, der Präsident pflegte »Lifestyle« wie wir, vielleicht war der Präsident also einer von uns. Kennedy hatte »die Jugendkultur der Sechziger in mancherlei Weise antizipiert, und mit seiner Ermordung wurde die Einführung ihrer Ikonen vorangetrieben«, schreibt Charles Kaiser über seine Generation. »Kein anderer Todesfall hatte uns je so deprimiert. Mehr als je zuvor brauchten wir emotionale Energie: Ablenkung, einen Platz, wo wir all das abladen konnten, wo wir unsere Trauer beerdigen konnten und den Spaß wieder entdecken. Nur vier Wochen nach seiner Beerdigung gelang es vier sehr jungen, vier sehr sexy und (wie wir dachten) sehr langhaarigen Engländern nicht nur, diese Gefühlsleere zu füllen: Sie gewannen die totale Kontrolle über unsere Herzen und Hirne, so wie das niemandem nach ihnen mehr gelingen sollte.«

Am 26. Dezember 1963 war es dann soweit: »I Want To Hold Your Hand« kam auch in den USA in die Plattenläden, sentimental, fröhlich, naiv – trotzdem, so Charles Kaiser, der »Urschrei« einer ganzen Generation. Und obwohl der im Song ausgedrückte Wunsch nicht sehr verwegen klang, obwohl viele harte Jungs sagten, das sei doch eher was für Mädchen – trotzdem meinen manche, die Beatles hätten mit dieser Platte einen »Akt der kulturellen Revolution« begangen. Und Leute wie Allan Ginsberg oder Bob Dylan sahen über die schlichte Melodie und den faden Text hinweg und erkannten, daß die Beatles sich aufgemacht hatten, das Land wieder zu erobern, daß Little Richard einst mit seinem bahnbrechenden »Awopbopaloobop, alopbamboom« vermessen hatte. Die Platte, nicht der Song war das Ereignis, der Sound, der Lärm, der Krach – und nicht das Lied. So wie es bei der ganzen britischen Invasion Amerikas – die spätestens nach dem Auftritt der Beatles in der »Ed Sullivan Show« am 9. Februar 1964 nicht mehr aufzuhalten war – weniger um die Musik als vielmehr um das Ereignis ging, wie das Greil Marcus auch für sich selbst beschreibt: »Ich hatte sie das erste Mal Anfang 1963 im Radio gehört, als ›Please Please Me‹ in den USA herauskam. Mochte die Platte, mochte die nächste nicht, vergaß die Band dann. Erst im Zusammenhang mit dem Ereignis, das die Beatles waren, wurde ihre Musik als das erkannt, was sie war.« Es war eine Pop-Explosion, und erst als sie in Amerika detonierte, konnte auch der Rest der Welt davon erschüttert werden.

Die drei vorausgeschickten Beatles-Singles »Please Please Me«, »From Me To You« und »She Loves You« waren 1963 in den USA nicht annähernd ein Erfolg gewesen – am 1. Februar 1964 hatten sie mit »I Want To Hold Your Hand« ihren ersten Nummer-eins-Hit in Amerika; am 7. Februar berichtete ein Radiomoderator, die Beatles hätten gerade London in Richtung New York verlassen, die Temperatur sei »32 Beatles-Grad«; und als sie dann am Kennedy-Airport ankamen, warteten dort Tausende Teenager und ein Radio-DJ. Die Teenager sangen »We Love You Beatles, Oh Yes We Do«, der Radio-DJ trug einen Strohhut und stellte Fragen: »Hey, George, baby, hey, hey, George, George, baby, yeah, hey, hier unten – wie ist dieser Empfang verglichen mit dem Empfang in Stockholm, baby?« Dieser kriechende Reporter war praktisch den Boden entlanggerobbt und kauerte nun zu Füßen der Beatles, stellte seine seltsamen Fragen und streckte ihnen sein Mikrophon ins Gesicht. »Sind Sie Teil einer Teenager-Rebellion gegen die ältere Generation?« fragte ein Journalist, worauf einer der Beatles antwortete, das sei eine »dreckige Lüge«. »Was halten Sie von Beethoven?« fragte ein anderer Journalist.

John Lennon antwortete, Beethoven, der sei schon verrückt, besonders seine Gedichte. Und währenddessen redete der Kerl am Boden pausenlos auf Ringo Starr ein: »Ringo, was willst du dir als erstes in New York anschauen?« Und Ringo antwortete: »Äh, weiß gar nicht, vielleicht eines dieser historischen Gebäude, die Peppermint Lounge zum Beispiel.«

Natürlich waren noch Hunderte anderer Journalisten da, praktisch alle amerikanischen Zeitungen, Zeitschriften, Radiostationen und Fernsehsender hatten irgendwelche Korrespondenten geschickt – aber es war Murray the K, der an diesem Tag Pop-Geschichte schreiben sollte: An diesem Tag wurde er zum »fünften Beatle«, wie er sich selbst gerne nannte und wie ihn Tom Wolfe als Pop-Ikone für die Nachwelt festhielt. Murray the K war der König der DJs, und er befand sich damals auf dem absteigenden Ast. Die New Yorker Nächte mit den Beatles, die der Pressekonferenz folgten, und vor allem die Tour, auf der er sie begleitete und von der er mit stundenlangen Bandaufnahmen zurückkehrte, die er vor dem Einschlafen, nach dem Aufwachen und dazwischen von den Beatles gemacht hatte, retteten ihn vor dem Vergessen; und fortan konnte man im Radio reinste pop-dadaistische Dialoge hören: »What's happening?« fragte Murray the K, darauf Ringo Starr: »You're what's happening, baby.« »You're happening, too, baby.« »O.K., we're both happening, baby.«

Es war schierer Wahnsinn und damit der richtige Auftakt für die Eroberung Amerikas durch die Beatles. 73 Millionen Amerikaner (Rekord natürlich) saßen am 9. Februar vor dem Fernseher, um sich die »Ed Sullivan Show« anzuschauen, jene Sendung, in der 1956 auch der junge Elvis Presley mit »Houn' Dog« angetreten war – allerdings nur von der Hüfte aufwärts. »America, judge for yourselves«, hatte Ed Sullivan damals zur Meinungsbildung aufgefordert, und auch diesmal entschied sich Amerika ganz klar dafür. Die Beatles-LP »With the Beatles«, die in den USA »Meet the Beatles« hieß, thronte schon vor der Show an der Spitze der Charts, die frühe Single »Please Please Me« war ebenfalls schnell emporgeklettert, und innerhalb von drei Tagen waren eine Million Beatles-T-Shirts verkauft worden. So saßen die vier in ihrem New Yorker Hotel, lauschten ihren alten Platten, während im Radio ihre Songs gespielt wurden, das Fernsehen war voll von Beatles-Bildern – und vielleicht bekamen sie schon damals ein Gefühl dafür, zu welch surrealen Augenblicken der

Doppel- und Dreifachpräsenz das anbrechende Zeitalter der Virtualität führen konnte. »75 Prozent Publicity, 20 Prozent Haarschnitt und fünf Prozent flottes Gejammere«, schrieb am nächsten Tag die *New York Herald Tribune* – und was wohl als Kulturkritik gedacht war, beschrieb recht genau das Patentrezept für Erfolg in Zeiten des Pop, beschrieb die Art und Weise, wie die Welt seit jenen Tagen funktioniert.

Am Tag nach dem Auftritt bei Ed Sullivan folgte eine jener legendären, weil stets gutgelaunten Pressekonferenzen, die nicht unwesentlich zum Ruhm der Beatles beitragen sollten – Pioniere der PR in der Prä-PR-Ära. Bis zum Ende ihrer kurzen US-Tour, so schätzt das *Wall Street Journal*, wurden Beatles-Waren im Wert von 50 Millionen Dollar verkauft. Dem Fernsehauftritt folgte das erste US-Konzert am 11. Februar in der Coliseum Sports Arena von Washington und am Tag darauf in der Carnegie Hall in New York; es folgte ein zweiter Auftritt bei Ed Sullivan, diesmal vor 75 Millionen Zuschauern; Cassius Clay lud die Beatles in seine Trainingshalle ein – kurz: Die zahlreichen Bilder, die die Beatles zurückließen, als sie sich Ende des Monats wieder davonmachten, sorgten dafür, daß es jedem einzelnen, der sie erlebt hatte, danach besserging. »Man hatte das Gefühl, daß die Vergangenheit zerrann«, beschreibt Greil Marcus diesen Prozeß, »daß die Gegenwart vollständig geprägt wurde durch das sich ausbreitende Gefühl von Neuheit.«

»Die Rolling Stones: Sind sie nicht großartig? Nun, ich werde ihnen ein kleines Geheimnis verraten. Sie wissen ja, bei diesen Musikgruppen heute hat man immer den Eindruck, daß sie lange Haare haben. Stimmt gar nicht. Ist alles eine optische Täuschung: Sie haben bloß eine niedrige Stirn und hohe Augenbrauen.« Der Auftritt der Rolling Stones in »Hollywood Palace«, der Fernsehsendung von Dean Martin, war ein ziemliches Desaster. Nicht nur, weil Dean Martin recht unfreundlich und reichlich betrunken war. Zirkuselefanten traten auf, Cowboys und Akrobaten, und einen dieser Trampolinspringer stellte Martin so vor: »Das ist der Vater der Rolling Stones. Und jetzt versucht er sich umzubringen.«

»Für mich war es Andrews größtes Verdienst, daß er mich und Mick einen Tag und eine Nacht lang in die Küche einschloß und sagte: ›Bevor ihr nicht einen Song habt, lasse ich euch auch nicht wieder raus‹.« Trotzdem befand sich auf der ersten Platte der Rolling Stones nur ein Song, den Keith Richards und Mick Jagger zusammen geschrieben hatten. Allein »Tell Me« war für gut genug befunden worden für das Album, das im April 1964 erscheinen sollte; aber je mehr Jagger und Richards die Dinge in die Hand nahmen, desto mehr wurde Brian Jones, früher der unbestrittene Anführer der Stones, in den Hintergrund gedrängt. Andrew Loog Oldham schielte währenddessen in jenen Tagen bei allem, was er tat, darauf, was die Beatles getan hatten, wie sie es getan hatten und wie erfolgreich sie damit gewesen waren. Deswegen riskierte er einen größeren Konflikt mit Decca, die partout verhindern wollten, daß das Cover der ersten Stones-LP nichts zeigte als die fünf Köpfe. Kein Gruppenname, kein Titel, nur die Song-Titel und ein Text von Oldham auf der Rückseite: »The Rolling Stones are more than a band. They are a way of life«. Die Platte ist ein Vermächtnis an den Crawdaddy Club, Chuck Berrys »Carol« ist dabei, Bo Diddleys »Mona«, und Mick Jagger hatte hörbar Spaß an der Sache. Und als am Erscheinungstag durch Vorbestellungen 100 000 Stück der LP verkauft wurden und »With the Beatles«, das freilich schon im November erschienen war, in den Charts überholte, da rannte Oldham herum und sagte jedem, der es nicht hören wollte: »Die Stones haben die Beatles abgesägt.«

Als sich »England's newest hitmakers« im Frühsommer 1964 nach Amerika aufmachten, das immer noch die Beatles im Kopf und ihre Musik in den Ohren hatte, wollten es auf einmal alle gewußt haben: Die Rolling Stones waren die viel wildere Packung. »Amerikaner, macht euch auf was gefaßt«, schrieb die Nachrichtenagentur AP vor der Ankunft der Stones in New York am 6. Juni 1964. »Sie sind schmutziger und unberechenbarer und unordentlicher als die Beatles, und an manchen Orten sind sie populärer als die Beatles.« Auch wenn die erste Single der Rolling Stones, »Not Fade Away«, nicht besonders erfolgreich gewesen war – die Presse hatte schnell erkannt, wie aus den Stones eine gute Geschichte zu machen war. *Vogue* brachte ein Porträt von Mick Jagger (mit einem Bild des Photo-Chronisten jener Tage, David Bailey), jenem »todernsten jungen Mann«, der die neueste Sensation in London sei. »In den Augen der Briten haben die Stones einen verderbten, alarmierenden Sex-Appeal, vor allem Jagger übertrumpft dabei seine Mannschaftskameraden (...) Frauen finden ihn faszinierend, Männer sehen in ihm eine Bedro-

Plötzlich gab es also noch jemanden, und der kam ziemlich cool daher: Die Stones waren schließlich mehr als eine einfache Band, sie standen für eine ganze Lebensart. (Vorne Mick Jagger, dahinter Bill Wyman, 1965.)

hung (...) Die Stones sind recht verschieden von den Beatles, und sie verbreiten auch erheblich mehr Schrecken.«

Plötzlich gab es also noch jemanden, und fast könnte man meinen, es habe sich dabei um einen Plan gehandelt. Dieser Doppelschlag in der ersten Hälfte des Jahres 1964, zuerst die Beatles im Februar und dann die Stones im Juni, veränderte Amerika, bewegte die Jugend und prägte ein für allemal das Verhältnis des erwachsenen Mittelstands zu seinen Kindern. »Bringing back a liberation«, nannte das Klaus Theweleit: »Das erste Konzert der Stones in den USA 1964 wurde auf den Tag genau 20 Jahre nach der Landung der Amerikaner in der Normandie (D-Day) angepfiffen.« Die Beatles waren zuerst dagewesen, hatten das Teenager-Terrain vermessen und ihre Claims abgesteckt, aber in gewisser Weise, so könnte man argumentieren, waren die Stones wichtiger. »Sicher waren die Beatles die größere Band«, schreibt etwa Nik Cohn, »aber bis sie sich 1967 der Liebe zuwandten, haben sie nie wirklich die Art und Weise verändert, wie jemand dachte. Sie waren selbstsicher, anmaßend und ließen sich nichts gefallen, aber sie waren immer kompromißbereit, und sie gefielen den Erwachsenen genauso wie den Kids. Sie hatten sich nie ganz der Sache der Jugend verschrieben. Die Stones schon.« Und daß man sich damit ordentlichem Gegenwind aussetzte, das hatten die Stones nie so direkt zu spüren bekommen wie in jenen drei Wochen in Amerika, wo die Musik herkam, die sie groß gemacht hatte, wo sie aber fremder waren als irgendwo in der englischen Provinz.

»Ich wurde nie von so vielen Leuten, die ich gar nicht kannte, so sehr gehaßt wie in Nebraska Mitte der sechziger Jahre«, erinnert sich etwa Keith Richards. Sie spielten auf der recht willkürlich zusammengestellten Tour nicht nur in New York oder Los Angeles, sie spielten auch an Orten wie Omaha oder San Antonio, wo sie vor ein paar hundert Leuten auftreten mußten, neben einem Wasserbecken mit Seehunden: im Herzen Amerikas also, wo sie Cops trafen, die ihnen ihre 44er-Revolver ins Gesicht drückten, wo ihnen die Leute nachriefen: »Seid ihr Mädchen?« Oder: »Seid ihr die Beatles?« Wo Radiomoderatoren berichteten, sie hätten gesehen, wie die Flöhe auf den Köpfen der Stones herumgesprungen seien.

Freilich gab es auch Highlights. Chicago etwa, wo sie in den Chess-Studios Aufnahmen machten, wo schon ihre Idole Chuck Berry und Bo Diddley gearbeitet hatten; wo ihnen jetzt Muddy Waters half, ihre Gitarren ins Studio zu schleppen; und wo sie ihren Stil verbesserten, verfeinerten und verschärften. Und auch aus England kamen gute Nachrichten: Die Stones hatten die Beatles in der Jahresumfrage des *Record Mirror* in der Rubrik »Top British Group« geschlagen, Mick Jagger war zum »Top British Group Member« gewählt worden, nur bei der Single des Jahres hatte sich »She Loves You« knapp gegen »Not Fade Away« durchsetzen können. Als schließlich ihre Single »Tell Me« und das Album »England's Newest Hitmakers« veröffentlicht wurden, da setzte sich der Stones-Virus langsam auch in den Köpfen der amerikanischen Jugend fest. Ihre beiden Abschlußkonzerte in der New Yorker Carnegie Hall waren restlos ausverkauft, wohl nicht zuletzt deshalb, weil der DJ und Beatles-Kumpel Murray the K, den John Lennon mit den Stones bekannt gemacht hatte, die Konzerte promotete. Und während sie nicht nur die Carnegie Hall vorzeitig durch den Hinterausgang verlassen mußten, damit das tumultuöse Publikum einigermaßen im Zaum gehalten werden konnte, während sie auch aus New York recht abrupt abreisen mußten, weil Andrew Loog Oldham das Geld ausging, währenddessen schnellte in England ihre Single »It's All Over Now« durch 150000 Vorbestellungen direkt in die Top ten.

Ende Juni waren die Rolling Stones wieder zurück in England, wo sie ein langfristig gebuchtes Konzert zum Sommerfest der Oxford University gaben – und unter all den Jungs in Dinner Jackets stellten sie ganz eindeutig die neue Aristokratie dar, ein symbolischer Auftritt und der Beginn von etwas, das man später nur noch »Gegenkultur« nannte. »Die Stones waren wie Befreier: Sie entfachten eine neue Art von Teenager-Arroganz«, schreibt Nik Cohn dazu. »Natürlich waren sie nicht nur ein reines Teenager-Ereignis, aber fast jeder war unter dreißig, und nichts davon hätte in den Fünfzigern passieren können. Zum ersten Mal hatte England so etwas wie eine private Teen-Gesellschaft, und ich persönlich glaube, daß es eher die Stones waren als die Beatles, die dabei die Anführer spielten.«

5. »Day Tripper« vs. »Get Off Of My Cloud« – Swinging London

Got a good reason for taking the easy
way out
Got a good reason for taking the easy
way out now   *Beatles*, 1965

Hey! You! Get off of my cloud
Don't hang around 'cause two's a crowd
          Rolling Stones, 1966

Es ist das Jahr, als Mary Quant und Jean Muir beschließen, daß der Pariser Stil nicht länger in Mode ist, sondern kurze Röcke und billiges Design; als die Frauen Catsuits tragen wie Emma Peel in *The Avengers*; als in Südvietnam ein Militärputsch stattfindet, der Vietcong der südvietnamesischen Armee eine schwere Niederlage bereitet und die USA 5000 Militärberater in das Land entsenden; als Cassius Clay durch seinen Sieg gegen Sonny Liston Boxweltmeister im Schwergewicht wird; als *Fanny Hill* von John Cleland für obszön erklärt wird – ein Buch aus dem Jahr 1750; als die Arbeitslosigkeit in der Bundesrepublik Deutschland auf einem historischen Tiefstand ist; als der Bond-Film *Goldfinger* in die Kinos kommt; als *Understanding Media* von Marshall McLuhan erscheint und *The Psychedelic Experience* von Timothy Leary; als der Piratensender Caroline von der Nordsee aus Popmusik nach England sendet und schließlich mehr Hörer hat als die BBC; als Martin Luther King zuerst in Florida ins Gefängnis muß und dann den Friedensnobelpreis erhält; als Nelson Mandela zuerst in Südafrika ins Gefängnis muß und das Land dann von den Olympischen Spielen ausgeschlossen wird; als drei Bürgerrechtler in den Sümpfen von Mississippi ermordet werden; als Mods und Rocker sich in England Straßenschlachten liefern; als die Warren-Kommission eine Verschwörung zur Ermordung von Präsident Kennedy ausschließt; als Cole Porter stirbt; als der deutsche Fußballbundestrainer Sepp Herberger zurücktritt; als die Labour-Partei in England die Wahlen gewinnt; als Sam Cooke in einem Motel in Los Angeles erschossen wird; als Harpo Marx von den Marx-Brothers stirbt; als Malcolm X aus den Black Muslims austritt. Es war 1964, und es war das Jahr der Beatles und der Stones.

Die Beatles eroberten in diesem Jahr die Welt – aber was sie in dieser Zeit von der Welt sahen, das war eine stete Abfolge von Hotelzimmern, Garderoben, Schminkräumen, Fernsehstudios und Kameras, Kameras, Kameras. In der Zeit nach der ersten Amerikareise vor allem: Filmkameras. Zu der neuen Beatles-Single »Can't Buy Me Love« hatte es allein in den USA mehr als drei Millionen Vorbestellungen gegeben. Die vielleicht schlichteste Single der Beatles war ein Song, der, wie Ian MacDonald anmerkt, nach dem »Jugendbeben« von »I Want To Hold Your Hand« in Amerika wieder die »generationenübergreifende Anziehungskraft« der Beatles etablierte, und es war die erste Single, die gleichzeitig in England und Amerika auf Nummer eins war. In den US-Charts standen damals sogar fünf Beatles-Songs ganz oben, elf weitere waren in den »Top 100«. In diesen Tagen jedenfalls waren die Beatles allein damit beschäftigt, das zu tun, was sie am besten konnten: Beatles zu sein. Zwei Monate Drehzeit waren nötig für »A Hard Day's Night« und 200 000 Pfund Budget, die zu einem guten Teil dafür draufgingen, während des Drehs in und um London den Fan-Massen auszuweichen. Es folgte eine eigene Fernsehsendung, in der sie zu Beginn als ritterlich gekleidete Herolde auftraten und Ringo Starr als Sir Francis Drake erschien. Dann ein Monat Ferien und im Juni eine Art Welttournee: Skandinavien, Holland, Hongkong, Australien, wo sie in Adelaide vor 300 000 Fans spielten, Neuseeland. »Eskimo-Land«, meinte Ringo Starr Ende 1964, »scheint der einzige Ort zu sein, den wir dieses Jahr nicht besucht haben.«

»Noch eine Bühne, noch eine Limousine, einmal mehr um dein Leben laufen« – wie Tony Bramwell, der vor langer Zeit George Harrison ein paar Chuck-Berry-Platten geliehen hatte und nun mit ihnen durch die Welt zog, das Leben der Beatles in jenen hektischen Tagen beschreibt. Am 6. Juli dann: die Weltpremiere des Films »A Hard Day's Night« in London, zu der auch Prinzessin Margaret auftauchte, ein paar Tage später dann in Liverpool mit 220 000 Menschen, ein Viertel der Bewohner der Stadt. Am selben Tag erschien die LP »A Hard Day's Night«, und im August und September ging es zum zweiten Mal die in USA, diesmal im Zickzackkurs quer durch das Land, 23 Städte, 32 Shows in 34 Tagen. Und egal ob in Atlantic

City, Denver oder Jacksonville, überall der gleiche Film: aufgerissene Münder, sehnsüchtige Blicke, verschmierte Gesichter – Kreischen, Presse, der nächste Flughafen, Polizei, Gummibärchen und der Geruch von Urin. In Dallas wurde ihr Flugzeug von Fans gestürmt, die auf die Flügel kletterten und die Fenster mit Cola-Flaschen bearbeiteten. In New York wurde Beatles-Atem in Dosen angeboten. In Los Angeles mußte sie ein Panzerwagen aus dem Stadion bringen. Und ein gewisser Charles O. Finley verfolgte sie so lange, bis sie endlich für die damalige Wahnsinns-Gage von 150 000 Dollar in seine Stadt kamen, nach Kansas City. Es waren vier Wochen, so der Beatles-Biograph Philip Norman, »in denen Amerika einem Orgasmus so nah war, wie es ein Kontinent nur sein kann«.

Sie war das Mädchen des Jahres, »Girl of the Year«, eine Bienenkönigin im Zebramantel, Augen wie aufgespannte Regenschirme, Haare wie der Strahlenkranz der Sonne; und sie wußte, was es bedeutet. Sie war der erste Superstar, damals, als Andy Warhol das Wort für sie erfand: »Andy nennt alles super. Ich bin ein Superstar, er ist ein Superregisseur, wir machen Superfilme.« Sie war Baby Jane Holzer, Jane Holzer in allen Magazinen, Jane Holzer in Andy Warhols Filmen, Jane Holzer – »nun, wie kann man es in Worte packen? Jane Holzer ist *This Year's Girl*, mindestens, die Neue Berühmtheit, nichts von euren alten Vorstellungen von Sexbomben, Primadonnen, romantischen Tragödinnen, sie ist das Mädchen, das versteht ..., die Stones, die Lebensenergie des East End.« Natürlich war Tom Wolfe dabei – an jenem Abend, als die Rolling Stones wieder in New York waren, während ihrer zweiten Amerika-Tour im Oktober 1964 –, um seine Geschichte über Jane Holzer zu schreiben und der Welt mitzuteilen, wer die Neue Aristokratie im Reich des Pop war: Photographen wie Jerry Schatzberg oder David Bailey, der Art Director Nicky Haslam vom Magazin *Show*, Jackie Kennedy, Barbra Streisand, Andy Warhol. Jane Holzer jedenfalls, davon war Tom Wolfe überzeugt, war »Living Popart«.

»Warte, bis du die Stones siehst! Die sind sexy! Die sind der reine Sex! Die sind *göttlich*! Die Beatles, na, du weißt, Paul McCartney – der *süße* Paul McCartney. Du weißt, was ich meine. Er ist so eine *süße* Person. Ich meine, die Stones, die sind *bitter*.« Und weiter blubberte es aus Baby Jane Holzer auf jener berühmten Party heraus, die

Tom Wolfe in *The Kandy-Kolored Tangerine-Flake Streamline Baby* festgehalten hat, und zu der auch die Rolling Stones kommen sollten. »Geh einfach ins Ad Lib, und jeder ist da. Die sind alle jung, die übernehmen die Macht, es ist wie eine richtige Revolution. Ich meine, das ist aufregend, die kommen alle aus der Unterschicht, East End und so. Es gibt niemanden mehr aus der Oberschicht, der aufregend ist. (...) Die sind *jung*. Die sind alle jung, es ist ein ganz neues Ding. Es sind nicht die Beatles. Bailey sagt, die Beatles sind *passé*, weil jetzt alle Mütter den Beatles über den Kopf streicheln. Die Beatles werden fett. Die Beatles – gut, John Lennon ist noch dünn, aber Paul McCartney bekommt einen dicken Hintern. Das ist schon in Ordnung, aber ich mache mir halt nichts draus. Die Stones sind dünn. Ich meine, deswegen sind sie ja auch so superschön, sie sind so dünn. Mick Jagger – warte, bis du Mick Jagger siehst.«

Es war der Sommer, als draußen in der rauhen Nordsee Schiffe kreuzten, die eine gefährliche Fracht an Bord hatten – oder warum sonst sollten britische Politiker versuchen, parlamentarisch abgesegnete Maßnahmen gegen diese Schiffe einzuleiten? Aber vermutlich gibt es immer Ärger, wenn jemand ein Monopol hat und das nicht preisgeben will. In diesem Fall gab es doppelten Ärger: Denn was diese Schiffe geladen hatten – Radio Atlanta, Radio London, Radio Scotland, Radio Invicta und wie sie alle hießen –, das waren Träume und Sehnsüchte – Teenagerträume und Teenagersehnsüchte. »I wanna love you night and day«, dröhnte es aus den Lautsprechern, als Radio Caroline, das erste dieser Piratenschiffe, seinen Sendebetrieb aufnahm – mit »Not Fade Away« von den Rolling Stones. Und was der BBC gar nicht paßte: Sie entrissen diese heiße Ware den Händen der Institutionen, die sie kontrollieren wollten, und gaben sie ihrem rechtmäßigen Besitzer zurück: der Jugend.

Es war der Sommer, als Liverpool, Manchester und Birmingham im Zuge des »Beat Boom« immer neue Gruppen ausspuckten, als The Who in London an den Start gingen, genauso wie die Small Faces und die Kinks, als es ernste Gruppen wie Manfred Mann oder die Yardbirds gab, aber auch lustige wie die Rockin' Berries. Aber was auch immer man davon hören oder nicht hören wollte, mochte oder nicht mochte: 1964 war der Sommer, als jeder ernstzunehmende Teenager sich und anderen ein paar grundsätzliche Fragen zu beantworten hatte. Willst du nett, beliebt und erfolgreich sein, mit anderen Worten: willst du ein Konformist sein? Oder willst du aggressiv sein, ein rebellischer Außenseiter, den man dafür haßt? Die Frage des Sommers 1964 war eine Frage des Charakters: Bist du Beatles oder bist du Rolling Stones?

Es war auch der Sommer, als sich die Stones eine Schneise der Verwüstung durch Europa schlugen. »Juli und August 1964 waren wahrscheinlich die horrormäßigsten Monate unserer Karriere«, sagt Bill Wyman. »Jeder Gig wurde von der Polizei unterbrochen, Menschenmassen auf der Bühne.« Saalschlachten, Massenschlägereien, Straßenschlachten. Am 24. Juni war es Blackpool gewesen: Betrunkene Schotten, die sich vor der Bühne aufbauten und die Stones anspuckten. »Mach das noch mal«, drohte Keith Richards, »und ich brech dir dein verdammtes Genick.« Was der Kerl prompt wiederholte. Richards rannte über die Bühne und trat ihm mitten ins Gesicht – Chaos und Verwüstung. Belfast hatte danach dankend auf einen Stones-Auftritt verzichtet, Anfang Juli war Den Haag an der Reihe, wo ein Kino nahezu vollständig zerstört wurde. Mitte Oktober dann, kurz bevor sie nach Amerika aufbrachen: Paris. Hier wurde, so Philip Norman, das Popkonzert in seiner herkömmlichen und unschuldigen Form endgültig zu Grabe getragen: Unter dem Schutt, der sich auf den Boulevards der Stadt türmte, nachdem die Jugend fensterzerschlagend und tischewerfend durch die Straßen gezogen war. Am 26. Oktober waren sie schließlich in New York, wo sie wie die Beatles in der »Ed Sullivan Show« auftraten. Das Publikum, so schien es, war während des Stones-Auftrittes drauf und dran, das Studio zu zerlegen, und Ed Sullivan versprach danach: »Die werden nie wieder in unserer Show zu sehen sein.«

»Die Rolling Stones kommen, wie der Rock'n'Roll selbst und auch der Twist, aus der Unterwelt des modernen Teenagerlebens, einem Schattenreich, das jahrelang das Randgebiet versprengter Außenseiter der Kunst und der Photographie war, bevölkert von armen Jungs, Angebern.« Tom Wolfe beschreibt den dunklen Ursprungsgrund der Rolling Stones, die Angstgefilde des Bürgertums – aber jetzt, im Herbst 1964, da waren die Stones in England längst dort angekommen, wo sich die alte und die neue gesellschaftliche Macht trafen: in den Klatschkolumnen. Und wo früher von Prinz Philip oder Prinzessin Margaret die Rede war, da hieß es nun, es schade niemandem, einen der Rolling Stones zu kennen, so der Gesellschaftskolumnist des *Daily Express* – »tatsächlich sind einige ihrer besten Freunde Grünschnäbel aus der Oberschicht«. Folgerichtig trieben sie sich bald in Chelsea herum, auf Festen, die der Maler Donald Cammell gab öder der Antiquitätenhändler Christopher Gibbs, ein Neffe des Gouverneurs von Rhodesien und ein Freund von Cecil Beaton. Die Stones – insbesondere Brian Jones, Mick Jagger und Keith Richards, die beiden anderen hatten für diese Art von Gesellschaftsleben nie besonders viel Interesse gezeigt – lieferten Leuten wie dem Galeristen Robert Fraser den nötigen Schuß Abenteuer; auch wenn, wie es John Lennon einmal formuliert hat, die jungen Londoner Zeitgeist-Dandys manchmal wirkten wie »ein Rauchersalon für Gentlemen«. Und so schmückten sie sich gerne mit einem der Rolling Stones – oder einem der Beatles. Oder mit beiden.

Den Post-Popgeborenen von heute mag bei alledem eine Frage beschäftigen: Warum sollten die Beatles und die Stones nicht miteinander auskommen, sogar miteinander befreundet sein? Nur weil sie alle Welt gegeneinander in Stellung brachte? Nur weil sie mehr und mehr für unüberbrückbare Gegensätze standen? Schließlich waren es Lennon und McCartney gewesen, die den Stones zu ihrem ersten Song verholfen hatten, George Harrison hatte sie an Decca vermittelt, ihre Wurzeln im Blues und Rhythm & Blues waren die gleichen – und tatsächlich verstanden sie sich privat recht gut. Das ging sogar so weit, daß sie untereinander verglichen, wieviel sie jeweils verdienten. Und die Beatles mußten feststellen, daß sie zwar mehr Platten verkauften als die Stones, die aber einen sehr viel besseren Vertrag mit ihrer Plattenfirma abgeschlossen hatten. Was die Beatles und die Stones in dieser Zeit außerdem verband, das waren zwei Dinge: Frauen und Drogen.

Der Vorsprung, den die Beatles auf die Stones in Sachen Ruhm und Erfolg besaßen, machte sich zunächst auch in den Affären und im Rauschmittelkonsum bemerkbar. Wobei es – wie noch zu zeigen sein wird – in beiden Angelegenheiten bei den Stones selbstverständlich sehr viel hektischer, wilder und auch tragischer zuging, vielleicht nur mit Ausnahme des späteren Phänomens John Lennon-Yoko Ono. Lennon war damals jedenfalls immer noch mit seiner Liverpooler Freundin Cynthia liiert, Ringo Starr mit der Friseuse Maureen Cox. Paul McCartney und George Harrison wurden mit zwei recht typischen Vertreterinnen der neuen Londoner Machtelite gesehen: der Schauspielerin Jane Asher und dem Model Patti Boyd. Was die Rauschmittel angeht: London war schon früher die Drogen-Hauptstadt der Welt gewesen, wobei härtere Drogen, chinesisches Opium etwa oder Heroin, zu den Privilegien der Oberschicht gehörten. Jedenfalls war es Bob Dylan, der den Beatles ihren ersten Joint reichte. Die hatten freilich schon in ihrer Hamburger Zeit reichlich Pillen geschluckt, um in jenen Tagen überhaupt über die Runden zu kommen. Jetzt hießen die Pillen »French Blues«, »Black Bombers« oder »Yellow Submarines«, und weil das neu in Mode gekommene Marihuana zwar illegal war, sich aber niemand so recht darum kümmerte, gingen schließlich die Joints zwischen den Beatles und den Stones ziemlich fröhlich hin und her. »Bis dahin«, so Paul McCartney, »bevorzugten wir Scotch und Cola. Das änderte sich an diesem Abend.« Und als die Beatles im Frühjahr 1965 ihren Film »Help!« drehten, da war allen klar, warum die vier so gutgelaunt durch die Landschaft hüpften. Es war ebenfalls Anfang dieses Jahres, daß George, Patti, John und Cynthia auf einer Party jeweils ein unscheinbares Stück Zucker in die Kaffeetasse fiel. Der Raum schwoll auf einmal an, wurde größer und größer, der Gastgeber mutierte zu einem Drachen, die vier verließen fluchtartig die Party, und zu Hause klopfte John Lennon nur noch wie wild mit dem Kopf gegen die Wand. Drei Tage dauerte das Ganze. Es war das erste Mal, daß die Beatles LSD genommen hatten.

»She Loves Them! Yeah! Yeah! Yeah!« schrieb eine nordenglische Zeitung – am 12. Juni 1965 war bekanntgeworden, daß die Beatles von der Queen den MBE-Orden erhalten sollten: »Membership of the Most Excellent Order of the British Empire«. Und was die Beatles selbst vielleicht am meisten überraschte, das empörte nicht wenige im britischen Establishment. »Lächerlich, fast schon absurd«, fand es der *Daily Mirror*, und die *Daily Mail* fragte: »Was ist mit Sandie Shaw, die vielleicht zur Verleihung barfuß erscheinen würde? Was ist mit The Dave Clark Five, The Bachelors, The Animals? Und welche Auszeichnung haben die Rolling Stones verdient? (Die Frage muß man allerdings nicht beantworten.)« Aber war das alles wirklich so überraschend? Schließlich ging es um ein Land, das gerade eine sozialistische Regierung gewählt hatte, die ihren Wahlslogan direkt

»Membership of the Most Excellent Order of the British Empire« für »Yeah! Yeah! Yeah!« »Und welche Auszeichnung haben die Rolling Stones verdient?« fragte die *Daily Mail* daraufhin. Doch so weit wäre das Establishment nie gegangen, zu perfekt war in diesen Tagen das Pop-Universum in *good guys* und *bad guys* aufgeteilt. Oben, von links: Paul McCartney, George Harrison, John Lennon und Ringo Starr. Unten, von links: Keith Richards, Charly Watts, Mick Jagger, Brian Jones und Bill Wyman.

von der Jugend geklaut hatte: »Let's Go With Labour«; ein Land, in dem ein Lieblingsspielzeug von Keith Richards dessen blauer und oberklassenkompatibler Bentley war; ein Land, in dem sich im Sommer 1965 unter Premierminister Harold Wilson etwas völlig Unerwartetes ereignete: eine Explosion der guten Laune.

Swinging London: Das waren neue Kleider, neue Bilder, neue Farben, neuer Stil, neue Mode, neue Gesichter, das waren die Models Jean Shrimpton und Twiggy, das war Vidal Sassoon, das war die Hochzeit des Photographen David Bailey mit Catherine Deneuve, das war die Modemacherin Mary Quant, das waren Op-art-Minikleider, das waren Plastikstiefel und halluzinogene Farborgien, das war Carnegy Street und Teenager, die ihr Geld vor allem zu einem Zweck besaßen – um ordentlich zu konsumieren. Das war die Haltung, mit der die Beatles durch die Welt gingen: mit aufgerissenen Augen, als sähen sie alles zum ersten Mal. Das war die Unverschämtheit der Rolling Stones, die in aller Öffentlichkeit (und Dringlichkeit) gegen eine Wand pinkelten. Die Beatles lieferten der Welt mit »Help!« in diesem Sommer einen lustigen Film, den Soundtrack zum Lebensgefühl des Swinging London. Die Stones lieferten den einen oder anderen Skandal.

Da war zum einen die Sache mit ihrem zweiten Album, das im Januar 1965 erschien. Auf der Vorderseite war kein Bandname zu lesen, dafür auf der Rückseite ein Text von Andrew Loog Oldham: »Wenn du die Kröten nicht hast, schau mal, dieser blinde Mann, zieh ihm eins über, klau seine Geldbörse, und siehe da, du hast die Beute.« Die Platte selbst war nicht besonders bemerkenswert – aber dann wurde eine Mitarbeiterin der Bournemouth Blind Aid Association darauf aufmerksam, die Affäre wurde bis zum House of Lords getragen, die Stones hatten ihren ersten Skandal des Jahres. Anstiftung zu Straftaten? Die Stones kamen noch einmal davon. Immerhin war ihr Name fast ständig in der Presse gewesen, und die neue Single, »With The Last Time«, erreichte auch prompt eine Woche nach Erscheinen im März die Spitze der Charts.

Den zweiten Skandal dieses Jahres handelten sie sich mit einem Song ein, den Mick Jagger und Keith Richards auf ihrer Amerika-Tour geschrieben hatten, der als Single zuerst in den USA erschien, drei Monate, bevor er in England auf den Markt kam. Es war ein Song, der im Juni die erste Nummer eins der Rolling Stones in Amerika wurde – ein Song, der wie kein anderer durch seinen Titel berühmt und in jener Zeit schnell berüchtigt wurde: »Satisfaction«, die Hymne dieses Pop-Sommers 1965, wie sich auch Andy Warhol erinnert: »Es war der Sommer von ›Satisfaction‹ – die Stones dröhnten aus jeder Tür, jedem Fenster, jedem Schrank und jedem Auto. Es war aufregend, daß Popmusik so mechanisch klingen konnte, daß man jeden Song an seinem Sound erkannte und nicht an seiner Melodie: Ich meine, du wußtest, daß es ›Satisfaction‹ war, bevor ein Bruchteil der ersten Note gespielt war.« Da war es auch unerheblich, ob es Mick Jagger bei diesem Lied eventuell auch darum gegangen war, seine Langeweile und Frustration während der US-Tour zu beschreiben – herumreisen, Autogramme geben, nutzlose Informationen konsumieren, »tryin' to make some girl«. Die Jugend dieser Welt (und auch deren Eltern, die Sturm liefen) wußte sehr wohl, welche Geschichte da für sie erzählt wurde: »Zum ersten Mal«, so Philip Norman, »verabschiedete sich ein Popsong vom Vokabular der jugendlichen Schwärmerei und wählte Worte, die von Sex erzählten.«

Aufgeregte Schlagzeilen und kleinere Skandalfälle begleiteten die Stones das ganze Jahr über, in dessen erster Hälfte sie vor allem auf Tour waren, Australien, Neuseeland, 70 Auftritte in England, Amerika (wo sie trotz Ed Sullivans gegenteiligem Versprechen nochmals mit großem Erfolg in dessen Fernsehshow auftraten), Kanada – bis ihre Fahrt an einer Mauer abrupt gestoppt wurde. »Langhaarige Monster« nannte sie der *Sunday Express*, nachdem Mick Jagger, Brian Jones und Bill Wyman dafür verurteilt worden waren, gegen eine Mauer gepinkelt und dabei gerufen zu haben: »Weg von meiner Vorhaut, weg von meiner Vorhaut«. Aber so wie Bill Wyman werden das auch die anderen Stones eher entspannt gesehen haben: »Man sagte, wir seien schuldig und mußten jeder sechs Pfund Strafe zahlen und 25 Pfund Gerichtskosten. Dann überlegten wir uns: Zwei Wochen waren wir jeden Tag in der Zeitung gewesen – und das für insgesamt nur 50 Pfund. Das war doch großartige Publicity.«

Am 27. August 1965 fand das lang ersehnte Gipfeltreffen statt, die amtierenden Kings trafen den alten Monarchen, Schauplatz: Graceland. »Elvis empfing ›seine natürlichen Feinde‹ in der glasgedeckten Patio, einer Spielhalle mit Poolbillard, Flipper, Ledersofas, Bar, aus der Jukebox Beatlesongs, ›große Geste‹ ...« Es war die zweite Amerika-Tour der Beatles, als John Lennon, laut Klaus Theweleit der »direkteste funktionelle Nachfolger« von Elvis, auf seinen großen Vorgänger traf, den er selbst als eine »Ein-Mann-Revolution« beschrieben hatte. Allerdings, und darauf weist Theweleit auch hin, hatte sich nach der Elvis-Revolution der Rock'n'Roll um 1960 als Form des halbschlagerhaften Entertainments etabliert, Mainstream also, und »ohne die unbekümmerte Ruppigkeit und die gewitzte Eleganz der Twens aus Liverpool wäre er da womöglich geblieben. (...) Rock'n'Roll war gut auf den Beinen gewesen in den Fünfzigern, ein motorisch wunderbar entwickeltes Kind (und dann an ein Laufgitter gefesselt). In den Sechzigern wurde es losgerissen, klug und angemessen polygam, bisexuell, vermischungs- und überlebensfähig.«

Pop hatte sich aus der Obhut der Eltern verabschiedet, hatte das Laufen gelernt – nun mußte man herausfinden, in welche Richtung es gehen sollte. Und weil es nun mal häufiger so ist, daß man nicht gleich auf Anhieb den richtigen Weg findet, deshalb stolperte man erst hierhin, dann wieder dorthin, und langsam bemerkte man, wie sich die Welt um einen herum langsam zu verändern schien. Soviel jedenfalls für die Geschichtsbücher: Am 13. November 1965 sagte der Universalgelehrte Kenneth Tynan zum ersten Mal im britischen Fernsehen das Wort »Fuck!« – mit Ausrufezeichen. Irgend etwas hatte sich verändert, irgend etwas war passiert in jenem Jahr, irgend etwas, das den Übergang markierte von dem sicheren Unschuldsland der Teenagerträume zur *Terra incognita* des Rätselratens. Bislang war es einfach gewesen, sich in seinen Welten einzurichten – jetzt reiste das Bewußtsein, und Reisende soll man nicht aufhalten.

»Eight Days A Week« hatten die Beatles Ende 1964 auf der LP »Beatles For Sale« noch fröhlich gesungen, die in England im Dezember herauskam, sowie auf der Single, die in Amerika im Frühjahr 1965 Nummer eins wurde. Und wenn es darum geht, den Optimismus und die gute Laune zu beschreiben, die Mitte der sechziger Jahre im swingenden London herrschten, dann eignet sich dieses Lied dafür besonders gut, vielleicht zusammen mit »I Want To Hold Your Hand« und »Penny Lane« – obwohl John Lennon den Song später als oberflächlich abtun sollte. Die nächste Single »Ticket To Ride«, Mitte Februar 1965 aufgenommen und im April und Mai Nummer eins in England und den USA, klang schon drängender und intensiver als die bisherigen Beatles-Songs, so daß es manche (wie Ian MacDonald) zu dem Schluß verleitete, hier hätte die Gruppe zum ersten Mal ihre Erfahrung mit LSD verarbeitet. Mit vier Minuten war »Ticket To Ride« fast doppelt so lang wie eine normale Pop-Single dieser Zeit, und es war ein neuer Ausgangspunkt für die Gruppe, »psychologisch tiefer gehend als alles, was die Beatles bis dahin aufgenommen hatten«, wie Ian MacDonald festhält, und akustisch mit E-Gitarren der rauheren Gangart angepaßt, die die britischen Charts damals dominierte (die Animals etwa mit »I'm Crying« oder auch die Stones mit »It's All Over Now«). Auf dem Terminplan der Beatles standen demnach im Jahr 1965 Rituale des Erwachsenwerdens: dunkle Häuser in Nobelvierteln, Kinder, Hochzeit, Honeymoon in Barbados, Ferien in der Schweiz. Hilfe.

»Help!« also und »Yesterday«: Da hatte jeder der beiden Songschreiber seine Portion Lebensschmerz in die Welt posaunt – und die Beatles im Spätsommer 1965 ihre nächsten beiden Nummer-eins-Hits in den USA. »Ist das von mir, oder hat das jemand anderes schon längst geschrieben?« fragte Paul McCartney, als er »Yesterday« beendet hatte. Zwei Songs, in denen sich aufs neue das herauskristallisierte, was die Faszination, die Stärke und den Erfolg der Beatles ausmachte – und was schließlich zu ihrem Auseinanderbrechen beitragen sollte. Ihr Geheimnis war, daß sie vermutlich keines hatten, denn sie waren alles für jeden, und sie ergänzten sich gegenseitig so perfekt, daß es kaum etwas gab, das sie nicht sein konnten. John Lennon für die Bücher-Menschen, scharf, ironisch, weltenmüde; Paul McCartney für die Träumer, sentimental, hübsch, aufstrebend; Ringo Starr für die Eckkneipenbesucher, einfach, ehrlich, verspielt; George Harrison für die Menschen dazwischen, sinnsuchend, ernsthaft, jung. Sie waren in ihren ersten Jahren, wie es Nik Cohn gesagt hat, gleichzeitig Anti-Stars und Superstars, und wenn es Paul McCartney mit seinen sozialen Ambitionen mal wieder übertrieb, wenn er zu oft mit seiner Schauspielerfreundin Jane Archer ins Theater ging oder seinen Liverpooler Akzent verwischte, dann war John Lennon sehr schnell zur Stelle, um ihn wieder auf den Boden der Pop-Tatsachen zurückzuführen – genauso wie es McCartney im Gegenzug immer schaffte, den Beatles das Image der netten Jungs zu geben, ein bißchen ungezogen vielleicht, aber durchaus respektabel. Weshalb die Beatles auch immer vor der Rache des Establishments sicher waren, selbst wenn sie LSD nahmen oder sich in Meditation verloren. Eine Rache, die die Rolling Stones übrigens dafür um so härter treffen sollte.

Die Veränderung, die jetzt bei den Beatles festzustellen war, hatte wohl im Jahr 1964 begonnen, als sie Bob Dylan in Amerika trafen. »Botschaft und Bedeutung – plötzlich war es die Zeit der kreativen Künstler«, so erklärt Nik Cohn das angestrengte Bemühen der Beatles, mit ihren Songtexten auf einmal mehr zu erzählen als blauäugige Geschichten von erster Liebe und Teenagersehnsucht. Nik Cohn weiter: »Ihre Coolheit bekam erste Sprünge, als Weihnachten 1965 ihr Album ›Rubber Soul‹ erschien, musikalisch das subtilste und komplexeste Ding, das sie jemals gemacht hatten, und vieles darauf war exzellent, ›Drive My Car‹ und ›Girl‹ und ›You Won't See Me‹. Aber es gab auch Warnzeichen, der Beat wurde weicher, und die Texte zeigten Spuren von falscher Bedeutsamkeit.«

Mit »Rubber Soul« begannen sich die Beatles Ende 1965 in eine andere Richtung zu bewegen, eine Richtung, die später auch ein Großteil der Jugend einschlagen sollte, aus dem pinkfarbenen Sweet-Sixteen-Land in die rauhe Existenz hinaus – die Beatles waren nur ein paar Schritte früher dran. Zudem machte »Rubber Soul« noch etwas anderes deutlich: Auch wenn die vier Beatles recht ähnlich vom Cover der Platte herabstarrten mit ihren Pelzmützenfrisuren – die Kluft zwischen John Lennon und Paul McCartney war größer geworden. Da war einerseits Lennon, der von seiner Ehe frustriert, in seinem Riesenhaus verloren und von LSD gefangen war; Lennon, der seine Langeweile in »Nowhere Man« packte oder seine lustvollen Tagträume in »Norwegian Wood«, den ersten Beatles-Song, bei dem der Text wichtiger war als die Musik; Lennon, der auf »Day Tripper« die »weekend hippies« verspottete und mit »The Word« den liebestrunkenen Drogentaumel der späten Sechziger vorwegnahm. Da war andererseits McCartney, in dessen fade französelndem »Michelle« Philip Norman nur den dringenden Wunsch erkennen konnte, seine Herkunft als Underdog durch einen raschen sozialen Aufstieg vergessen zu machen. Beide waren sich jedoch einig, was Gegenwart und Zukunft der Beatles betraf: Wenn die nicht bald passé sein wollten oder schlicht uninteressant, dann mußten sie sich etwas einfallen lassen. Schließlich hatte nicht nur Bob Dylan mit »Subterranean Homesick Blues« und »Like A Rolling Stone« den Standard erweitert, was Tiefe und Tragweite der Texte von Popsongs betraf; da gab es eben auch noch andere, nicht zuletzt die Stones mit »Satisfaction« oder The Who mit »My Generation«, die in ihren Liedzeilen nicht nur aufs kleine Glück zielten, sondern aufs große Ganze. »Comedy Songs« sollten der Ausweg sein, kleine Geschichten aus dem sogenannten wirklichen Leben – ein Leben, das für die Beatles wie für einen Teil der Jugend immer unwirklichere Züge annahm: durch LSD.

»Ich kramte in der Küche herum und schaffte es irgendwie, vier Tassen starken Kaffee zu machen, um alle aufzuwecken. Wir schlürften ihn langsam aus; dann streute Brian etwas Kokain auf ein kleines Stück Glas, und wir schnieften es durch einen gerollten Geldschein. Ich weiß, daß die meisten Leute auf Eier mit Schinken schwören, aber es gibt verdammt viele Rockleute, die es hart finden würden, den Tag zu beginnen ohne diesen Adrenalin produzierenden, Raketen startenden kurzen Schniefer von Kokain im Wert von ungefähr 30 Dollar.« Was Tony Sanchez in seinem Gonzo-Buch *Up And Down With The Rolling Stones* beschreibt, ist die bunte Chronik einer Zeit, die mit weit aufgerissenen Kulleraugen großer Kinder ein neues Spielzeug entdeckte; eine Art Frühgeschichte des Drogenkonsums, der Drogengesellschaft und des Drogenadels. Die neue Stones-Single »Get Off Of My Cloud« handelte jedenfalls von Dingen, die man nur im 99. Stock eines Hochhauses mitbekommt, wenn die Welt draußen aufgehört hat zu existieren und kleine Männer herumfliegen, die aussehen wie der Union Jack: eine verblasene Marihuana-Fabel in den britischen Top ten.

Seit Mitte 1965 hatten die Rolling Stones einen neuen Manager, Allen Klein, der sich mehr um die geschäftlichen und finanziellen Dinge kümmern sollte, während Andrew Loog Oldham mehr Zeit darin investieren sollte, das Image der Band zu formen. »Der Sound, das Gesicht und das Bewußtsein von heute«, ließ Oldham dann beispielsweise auf ein Riesenplakat schreiben, das in 30 Metern Höhe auf dem New Yorker Times Square aufgehängt wurde, »sind wichtiger für die Hoffnung von morgen und für die Realität der Zerstörung als die Blinden, die ihre Kinder nicht sehen können, weil sie sich fürchten und zerstritten sind. Etwas, das gewachsen ist und zu uns gehört. Fünf Spiegelbilder der Kinder von heute. Die Rolling Stones.« Nicht nur im Stones-Umfeld begannen sich damit die Grenzlinien der Macht zu verschieben, sondern auch innerhalb der

Gruppe. Brian Jones hatte schließlich nicht nur den Namen erfunden, er hatte die Band in den ersten Jahren geführt und geprägt, er war musikalisch und hedonistisch, er hatte sechs Kinder und war der erste, der sich androgyn anzog, er war gefährlich, er war Glamour. »Wo Brian führte, da hinkten die anderen Stones nur hinterher«, schreibt Tony Sanchez. Und jetzt hatte er bei der US-Tour Ende 1965 in Los Angeles auch noch diese unglaubliche Blondine bei sich, die deutsche Schauspielerin Anita Pallenberg, die schon mit dem jungen Volker Schlöndorff gedreht hatte, die später mit Keith Richards liiert sein und etwas später mit Mick Jagger in dem Film *Performance* heißen Sex haben sollte. Das war 1969. Kurz danach war Brian Jones tot. Aber schon während der US-Tour 1965, der bis dahin erfolgreichsten in der Pop-Geschichte, hatte ein Arzt prophezeit, Jones würde sich innerhalb eines Jahres umbringen, wenn er so weitermachen würde: zwei Flaschen Whisky am Tag, Hasch, Pillen, Upper, Downer. »Sie wollen mich loswerden«, fürchtete Jones in dieser Zeit, »sie wollen mich loswerden.«

Stärker noch als in England waren die Stones in Amerika längst zum perfekten Gegenspieler der Beatles geworden: Pop, der mehr war als einfach Spaß; Pop, der Schrecken verbreitete und Schrecken reflektierte. In jenen Tagen, als es im Sommer Rassenunruhen in Los Angeles gegeben hatte, und Martin Luther King ein Ende des Vietnamkrieges forderte, in jenen Tagen begann auch an den Colleges Amerikas der Protest Gestalt anzunehmen – gegen Rassentrennung, vor allem aber gegen den Krieg. Und obwohl die Rolling Stones keine politischen Lieder wie der bittere Bob Dylan oder die vorwurfsvolle Joan Baez spielten: »ihre Musik war wie ein Geschoß«, wie Philip Norman schreibt. »Jedesmal, wenn ›Satisfaction‹ oder ›Get Off Of My Cloud‹ gespielt wurde, ging ein weiteres Leben, das aus festen Beziehungen, frühem Zu-Bett-Gehen, kurzen Haaren und der Studentenverbindung bestand, in Flammen auf.«

Nach dem letzten Konzert dieser Amerika-Tour in Los Angeles trafen sich Keith Richards und Brian Jones noch mit dem Schriftsteller Ken Kesey und seinen »Merry Pranksters« zu einer »Acid Test Party«. Und obwohl Brian Jones dank Anita Pallenberg auf einmal wieder höher im Kurs stand; obwohl er Zugang zur Welt der Kunstgalerien und Chelsea-Dinnerparties gefunden hatte; obwohl er einen schönen Skandal hatte, als Pallenberg ihn dazu überredete, sich für ein Titelbild des *Stern* in SS-Uniform photographieren zu lassen (das Titelphoto wurde allerdings nie gebracht) – trotzdem hatte er von jenem Abend in Los Angeles an ein neues Problem: LSD. Manchmal war es ein guter Trip. Dann, so zeigen ihn Photos, die Tony Sanchez aufgenommen hat, tanzte er grinsend umher, die Arme weit ausgestreckt, in Pop-Posen oder wie ein Flamingo mit blonder Perücke. Manchmal war es ein schlechter Trip. Dann sah er Monster, wie Anita Pallenberg erzählt. »Kannst du sie nicht sehen?« rief er dann. »Sie kommen alle aus dem Schrank! Sie sind schrecklich!«

6. »Good Day Sunshine« vs. »Paint It Black« – Goldene Tage

I need to laugh and when the sun is out
I've got something I can laugh about
I feel good in a special way
I'm in love and it's a sunny day
          Beatles, 1966

I see a red door and I want it painted black
No colors anymore I want them to turn black
I see the girls walk by dressed in their summer clothes
I have to turn my head until my darkness goes
          Rolling Stones, 1966

Zeit ist das Kapital der Jugend, denn es scheint ja immer, als stünde sie auf ihrer Seite. Aber natürlich ist sie genauso der Feind der Jugend, schließlich droht dauernd die Schlußrunde, die Abschiedsvorstellung. Weil nun aber Zeit vor allem ein sehr relatives Gebilde ist, da vielleicht der Rest der Welt ein anderes Zeitgefühl besitzt, passiert es manchmal, daß die Zeit sich verhakt, daß sie schrumpft oder sich dehnt, daß sie sich verheddert oder ausleiert, daß sie hier schon viel weiter ist, während sie dort gerade erst beginnt, daß sie manchmal zurückgedreht oder sogar noch mal zum Leben erweckt wird. Und weil die gesamte Pop-Revolution so etwas wie ein gesellschaftlicher Teilchenbeschleuniger war, dauerte die Ewigkeit jetzt eben 15 Minuten. Deshalb gab es nach ein paar hektischen Jahren (und immerhin bis zum April 1966 200 Millionen verkauften Platten), die manchem wie eine ganze Jugend erscheinen konnten, schon eine Platte, die »A Collection of Beatles Oldies« hieß. Aber schließlich dreht sich das Generationenroulette auf dem Pop-Spielfeld ungefähr in diesem Rhythmus von drei, vier Jahren. Die Oldie-Sammlung erschien Ende 1966, und da hatten die Beatles bereits ein Jahr hinter sich, das bewies, wie weit die Vorstellungen auseinandergehen können, wenn es um den Begriff der »Gegenwart« geht.

»Das Christentum wird es irgendwann nicht mehr geben. Es wird sich zurückziehen und verschwinden. Wir sind heute populärer als Jesus.« Worte, die in England nur ein leises »Ploing« machten und in dem Lärm untergingen, der in London an der Tagesordnung war, der »Metropole des Jahrzehnts«, wie das US-Nachrichtenmagazin *Time* die Stadt im April mit einiger Verzögerung genannt hatte – als natürlich der größte Trubel, der grellste Spaß, die gefährlichsten Aktionen schon längst vorbei waren. Aber so ist das: Das Pfund kränkelte, die Wilson-Regierung hatte an Schwung verloren, es gab Streiks – und trotzdem werden die Briten an den Sommer 1966 immer gerne zurückdenken. Am 30. Juli wurden sie Fußballweltmeister. Und weil eine solch hymnische Geschichte in *Time* auch damals nicht ohne Folgen blieb, deshalb wurde auch Swinging London – im Grunde seit dem Sommer 1965 am Verschwinden – für Touristen und durch Touristen wiederbelebt. Weil das aber nicht die klassischen Touristen waren, sondern Scharen spaßhungriger Teenager, wurde die Fiktion wieder Realität – schöner sogar, besser und bunter als beim ersten Mal.

»Die Beatles sind größer als Jesus«: Ein »Ploing« in England, ein Donnerhall in Amerika. Und nur eine kleine Veränderung im Satzaufbau, als das Interview, das John Lennon im Frühjahr der Journalistin Maureen Cleave gegeben hatte und das am 4. März im *Evening Standard* erschienen war, Ende Juli in den USA nachgedruckt wurde, kurz bevor die Beatles wieder zu einer Tour erwartet wurden. Eine kleine Änderung mit großer Wirkung. Denn als ob nichts passiert wäre, als ob es die letzten Jahre des Beatles-Wahnsinns nicht gegeben hätte, als ob die Menschen sich nicht langsam daran gewöhnt hätten, daß eine neue Zeit angebrochen war: Auf einmal brach ein Proteststurm los von Nashville bis zum Vatikan. Da wurden Beatles-Platten wie auf dem Scheiterhaufen der Inquisition verbrannt, da drohten Pfarrer damit, jeden zu exkommunizieren, der ein Beatles-Konzert besuchen sollte, da wurde der Ku-Klux-Klan im Süden der USA aktiv – und Brian Epstein rechnete sich schon einmal aus, was es kosten würde, die ganze Tournee abzusagen.

Aber es hatte schon mehr Irritationen gegeben, den ganzen Sommer über, *Beatlemania*, hatte man den Eindruck, wich nun einer *Beatlephobia*. In Südafrika und Israel wurde die Auslieferung ihrer Platten blockiert, in Indonesien trugen Polizisten Scheren bei sich, um Beatles-Ponys zu kürzen, und im australischen New South Wales konnten sogenannte »Haarinspektoren« Fabrikarbeiter mit einer Strafe belegen, wenn die Beatles-lange Haare trugen. Die Beatles selbst waren Ende Juni zu einer Tour nach Deutschland, Japan und zu den Philippinen aufgebrochen, hatten in Hamburg Astrid Kirchherr, die Reeperbahn und ihre eigene Vergangenheit aufgesucht, hatten in Tokio zwei bestens organisierte Konzerte gefeiert, bei denen 3000 Polizisten auf 9000 Zuschauer angesetzt wurden, hatten in Manila, nichts Böses ahnend, ein Einladung von Imelda Marcos ausgeschlagen und wurden daraufhin vom wütenden Mob aus dem Land gejagt. Brian Epstein hatte sich zwar noch via Fernsehen dafür entschuldigt, daß sie nicht mit der Diktator-Gattin Imelda gefeiert hatten, aber am Flughafen mußten sich die Beatles trotzdem durch eine Horde aufgebrachter Zollbeamter kämpfen, von denen manche sogar zutraten. Und erst als sie schließlich 7000 Pfund Einkommenssteuer bezahlt hatten, durfte ihre KLM-Maschine endlich nach Neu-Delhi abheben.

Auch in Sachen Plattenverkäufe hatte sich einiges getan, das nach den Tagen des unangefochtenen Erfolges zumindest ungewohnt erscheinen mußte. Zwar lagen für die zwölfte Beatles-Single »Paperback Writer/Rain« 500000 Vorbestellungen vor, aber das war weniger als die Hälfte dessen, was die Beatles in den Hochzeiten von *Beatlemania* verkauft hatten. »Paperback Writer« war ein kurzer Reflex auf den eigenen Aufstieg im boomenden London der frühen sechziger Jahre, der in den USA wegen der vielen Anspielungen auf England mit Stirnrunzeln aufgenommen wurde. »Rain« dagegen war ein Rocksong vor seiner Zeit, vielleicht, so Ian MacDonald, »der erste Popsong, der einen Unterschied machte zwischen ›uns und denen‹, zwischen den Kindern von Timothy Learys psychedelischer Revolution und dem Materialismus der Elternkultur«, der also das aufnahm, was sich mit der Gründung der Hippie-Bewegung auf dem Trips-Festival Anfang des Jahres in San Francisco durchzusetzen begann. Dann folgte aber noch richtiger Ärger. Zu ihrer Amerika-Tour planten die Beatles eine neue Platte, »The Beatles – Yesterday and Today«, die Songs von »Help!« und »Rubber Soul« und drei unveröffentlichte Stücke bieten sollte. Auf dem Cover: Die vier Beatles in weißen Metzger-Kitteln, wie sie Puppen versorgten, denen einzelne Körperteile fehlten oder gleich der ganze Kopf. »So relevant wie Vietnam« sei dieses Cover, hatte John Lennon gesagt, von dem wohl auch die Idee dazu stammte – trotzdem mußten die 750000 fertig konfektionierten Platten nach Protesten mehr als hastig in neue Hüllen gesteckt werden.

»Das war's. Das war für immer das letzte Konzert.« Zwar hatte sich John Lennon zu Beginn der US-Tour auf einer Pressekonferenz am 12. August in Chicago dafür entschuldigt, daß er die Beatles und Jesus in einem Atemzug genannt hatte – er habe nur seine »tiefe Sorge« über den Niedergang der spirituellen Werte deutlich machen wollen. Über den Konzerten in Amerika schwebte dennoch ein merkwürdiges Gefühl von Angst und Bedrohung. In Memphis, südlich der Mason-Dixon-Linie, die Nord- und Südstaaten trennt, demonstrierten 8000 Menschen gegen das Beatles-Konzert, in Washington gab es zur gleichen Zeit Unruhen schwarzer Jugendlicher, in Cincinnati wurde der Auftritt um einen Tag verschoben, weil kurz vorher ein heftiger Regenguß niedergegangen war, 35000 Zuschauer mußten nach Hause geschickt werden. Außen herrschte Chaos, und innerlich waren die Beatles zu jenem Zeitpunkt bereits ganz woanders. Und so sollte Brian Epstein mit seinen Worten recht behalten: am 29. August 1966 traten die Beatles im Candlestick Park in San Francisco zum letzten Mal öffentlich auf. Tatsächlich sah die Sache so aus: Die vier hatten genug vom Touren, sie hatten genug von Brian Epstein, sie wollten nur noch im Studio arbeiten – und weniger eine Gruppe sein als vielmehr ein musikalisches Kollektiv. Die Beatles hatten erneut an der Zeitmaschine geschraubt und waren längst auf dem Weg in die nächste Pop-Ära.

»Seit dem antiken Griechenland hatte es wohl keine Götter mehr gegeben, die so sichtbar und so zahlreich eine eigene Klasse bildeten wie 1966 in England auf dem blühenden Olymp der Popmusik-Industrie.« Was Philip Norman meinte: Wo sonst außer in London konnte man einen Rolls-Royce Silver Cloud mit schwarz getönten Scheiben sehen, der an einem sonnigen Vormittag schlingernd durch die Straßen kurvte, bis er krachend an einer Mauer zum Stehen kam? Heraus kletterten ein drogenberauschter Popstar und zwei schmerzlich schöne Mädchen, während der Mann, der Brian Jones am Abend zuvor die Drogen besorgt hatte, den Rolls erst mal ordnungsgemäß parkte. »Von jenem Tag an«, erinnert sich Tony Sanchez, »war ich ein großer Rolls-Royce-Fan, denn während die Mauer komplett zerstört war, hatte der Wagen nur einen leicht verbeulten Kühlergrill.«

Im April 1966 hatten die Rolling Stones ihr viertes Album veröffentlicht, »Aftermath«, mit Texten, die fast ausschließlich Mick Jagger geschrieben hatte; und mit Brian Jones' eigentümlich zerdehntem Sitar-Spiel bei »Mother's Little Helper«, mit seinen Pseudo-Harfen-Klängen bei »Lady Jane«, mit seiner getriebenen Marimba bei »Under My Thumb« hatten die Stones den Soundtrack zum wiederbelebten Mythos von Swinging London komponiert, eine »Mischung von großstädtischer Arroganz mit seltsamem, östlich-klingendem Krach«, wie Philip Norman schreibt. Sie kündigten eine neue Ära an, und das einige Monate, bevor die Beatles mit ihrem Album »Revolver« herauskamen. Auf »Aftermath« waren die Stones gut gelaunt und verspielt, wie junge Hunde, denen man dabei zuhören konnte, wieviel Spaß ihnen das Ganze machte. »Paint It Black« als die doppelt gewendete Anti-Hymne dieser sommerheißen, popbunten Periode, das hämische Wechselspiel von Kleidung und Charakter in »Stupid Girl«, das fröhliche Gegröle bei »High And Dry«: Wenn die Beatles auf »Revolver« manchmal triste, manchmal drogenverhangene und alltagsphilosophische Kurztraktate diktierten, dann hatten die Stones in diesem Sommer viel Sonne im Herzen. Musik in Rufweite derjenigen, für die sie gedacht war. Ihre letzte Single, »19th Nervous Breakdown«, war ein Abgesang auf Oberschicht-Parties mit Oberschicht-Mädchen gewesen, und nichts traf besser jene euphorische Aufbruchstimmung einer durchlässigen, klassen- oder zumindest schrankenlosen Gesellschaft, die sich in jenen Tagen in den Photoagenturen, Redaktionen und Werbeateliers durchsetzte, die durch Carnaby Street und King's Road inspiriert worden waren. Und weil einem dieser pharaonengleichen Jugendidole das Einreißen von Klassenschranken besonders viel Spaß zu machen schien, kaufte sich Keith Richards ein Haus genau dort, wo die alte Herrschaftsschicht residierte: »Redlands« hieß das Anwesen aus dem 15. Jahrhundert im schönen Sussex.

»Mick und ich waren letzte Woche bei George und Patti Harrison zu Besuch«, hieß es in einer Kolumne mit dem Titel »From London With Luv«, die regelmäßig in dem amerikanischen Magazin *Mod* erschien, »wir saßen in Johns Privatkino, tranken heiße Schokolade und sahen uns einen Film an, der ›Citizen Kane‹ hieß.« Notizen aus dem Alltag zweier Popgruppen, die nach außen hin rivalisierten, aber ansonsten ganz selbstverständlich denselben Planeten bewohnten – einen, auf dem nicht viel Platz war für andere Menschen; Szenen aus dem Tagebuch einer Popgeliebten, die Chrissie Shrimpton für die Nachwelt festhielt. Seit fast einem Jahr lebte Mick Jagger schon mit der Schwester des bekannten Models Jane Shrimpton zusammen, aber nicht erst, seit Jagger in dem Song »Under My Thumb« (»it's down to me, the change has come ...«) Veränderungen angekündigt hatte, sah es schlecht aus für Chrissie. Julie Christie hatte den Stones-Chef noch abblitzen lassen, also widmete er sich in diesem hektischen Sommer 1966 zunehmend einer Frau, die eine Berühmtheit eigener Art war: Marianne Faithfull, Popsängerin und Engel.

Die Stones waren in der ersten Hälfte des Jahres fast ständig auf Tour gewesen, zuerst Australien und Neuseeland, dann eine tumultuöse Europa-Tour mit bürgerkriegsähnlichen Szenen in Paris und Marseille, dann die USA und Kanada, wo die Polizei das Eröffnungskonzert in Lynn, Massachusetts, schon nach wenigen Minuten abbrach, und es später in Montreal 36 Verletzte gab. Nach kurzen Ferien wollten sie sich zu einer neuen England-Tour im September aufmachen, begleitet von einer neuen Single, »Have You Seen Your Mother, Baby, Standing In The Shadow?«, auf deren Cover sich die fünf als Transvestiten in Pose warfen. Aber das Land, in das sie zurückkamen und das sie dann in einigen von Randalen begleiteten Wochen bereisten, war ein anderes geworden – auch wenn es zunächst nur anders roch. Die Sitars, mit denen die Stones und die Beatles auf ihren letzten Platten experimentiert hatten, waren nur der Anfang gewesen: Mit den süßlichen Schwaden der Räucherstäbchen in dunkel verhängten Wohnhöhlen, den dick bestickten Kaftan-Decken oder den grob gehämmerten Blech-Tabletts war alles populär geworden, was irgendwie mit dem fernen Osten zu tun hatte, mit Spiritualität und Sinnlichkeit. »Turn on, tune in, drop out«, hieß es dann bald in Amerika, wo das, was in England vor allem als kommerzieller Clou daherkam, mit welterklärerischem Pathos betrieben wurde. In diesem Jahr erschien nicht nur Chairman Mao's kleines rotes Büchlein zu seiner eigenen Kulturrevolution – in den Buchhandlungen lag auch das neueste Werk des amerikanischen Drogenheiligen und Harvard-Drop-Out Timothy Leary, *Psychedelic Prayers After the Tao Te Ching*, das den Weg zu einer westlichen Kulturrevolution weisen sollte.

»Was war passiert? Im allgemeinen war es vielleicht die unausweichliche Konsequenz davon, daß so viel Quatsch über sie geschrieben wurde – sie mußten sich so oft anhören, was für Genies sie doch waren, daß sie es irgendwann selbst glaubten und wie Genies auftraten. Im besondren war es Acid.« Die 14 Songs, über die Nik Cohn hier urteilt, es geht um das Beatles-Album »Revolver«, waren Kompositionen, die vielleicht nicht die Welt veränderten, die aber zumindest das Pop-Album als solches neu erfanden – und wie Nik Cohn waren nicht alle davon überzeugt, daß das ein Schritt nach vorne war. Nach »Rubber Soul« hatten sich alle vier Beatles auf Erkundungstour begeben: George Harrison beschäftigte sich mit indischer, Paul McCartney mit klassischer Musik, John Lennon mit LSD, Ringo Starr mit Snooker.

Fast alles davon fand sich auf der neuen Platte wieder: »Love You To« – schwer beladen mit Harrisons Sitar-Geweine; die elegische Trauerhymne »Eleanor Rigby« von McCartney oder Ringo Starrs gruppendynamisches Kinderlied »Yellow Submarine«, wo Lennon Wasserblasen blubbern, Marianne Faithfull und Patti Harrison im Hintergrund mitsingen und Brian Jones von den Rolling Stones an Gläser schlagen durfte. War das also »das Album als Gesamtkunstwerk«, als große zusammenhängende Erzählung, ein Werk, das London abbildete, wie es war in jenen warmen Spätsommertagen des Jahres 1966, wie Philip Norman meint, »heißer Asphalt, offene Fenster, Bistros in der King's Road und die Streifen der englischen Fußballmannschaft«? »And Your Bird Can Sing« vielleicht, vielleicht auch »Good Day Sunshine«, obwohl das auch viel harmloser klang als etwa »Summer In The City« von den Lovin' Spoonful oder auch »Paint It Black« von den Stones. Der Sommer der Beatles hatte jedenfalls einen leicht neurotischen Unterton, und man witterte zwischen den Zeilen manches, das sich erst ankündigte. »Es war die Gegenwart und zugleich die Ahnung von Dingen, die noch kommen sollten«, schreibt Philip Norman. »Denn die Beatles hatten nun erkannt, daß sie mit ihrer Macht zu Diktatoren werden konnten über Ära nach Ära nach Ära.«

Und dann gab es noch den letzten Song der Platte, Nummer 14, »Tomorrow Never Knows«, knapp drei Minuten Scheppern, Wimmern, Schellen, Pfeifen, ein dichter Nebel aus Tönen und Wörtern, »the meaning of within«, dann ein dudelsackähnliches Jaulen und wie in einem schlechten Traum John Lennons Stimme aus dem Hintergrund, von sehr weit weg: »of the beginning, of the beginning, of the beginning«. Eines der »sozial einflußreichsten Lieder, die die

Beatles überhaupt gemacht haben«, meint Ian MacDonald – »Tomorrow Never Knows« war ihre LSD-Hymne. Im Januar 1966, so hat es der Lennon-Biograph Albert Goldman sorgfältig festgehalten, nahm Lennon zum dritten Mal LSD. Er nahm Timothy Learys *The Psychedelic Experience* zur Hand, las darin die Paraphrase des tibetanischen Totenbuches, nahm das auf Kassette auf und spielte es ab, als die Drogen zu wirken begannen. »Turn off your mind, relax and float downstream – it is not dying, it is not dying« – so beginnt »Tomorrow Never Knows«, eine direkte Referenz an Leary, so wie auch der Song unmittelbar aus diesem Trip entstand, wobei der Titel selbst eine Art Paraphrase der Hippie-Maxime »Be here now« ist. Und schon floß alles zusammen, postfreudianische Psychologie, Zen, die Utopien der Neuen Linken, freier Sex, soziale Revolution und die Götter des Pop. Lennon jedenfalls verschwand für fast zwei Jahre im Traumnebel von LSD, Leary verkündete derweil, die vier Beatles seien Mutanten, Prototypen einer »neuen jungen Rasse lachender und freier Menschen«, von Gott mit einer mysteriösen Macht ausgestattet, damit sie eine neue Spezies begründen konnten. Und während Nik Cohn nicht urteilen wollte, ob LSD nun für die Beatles gut gewesen sei oder nicht, war ihm zumindest klar, daß es sie verändert hatte. »Damals hörten sie auf, nur eine Rockgruppe zu sein, Herumtreiber aus Liverpool mit langen Haaren und Gitarren und einem losen Mundwerk – sie wurden zu Mystikern, zu Möchtegernheiligen.«

Es sollte nicht mehr sein als ein Ausflug mit Freunden, ein entspanntes Wochenende auf dem Land, auf Keith Richards' Redlands-Anwesen. Anfang Februar 1967 hatte es einigen Ärger gegeben, als die Skandaljäger von *News of the World* endlich eine Geschichte ausgebuddelt hatten, die das bestätigte, was eh schon alle wußten: »The Secrets of the Popstars' Hideaway« schrie es am 5. Februar in Großbuchstaben von der ersten Seite – und es schien dabei wenig auszumachen, daß der angebliche Enthüllungsbericht über Drogenexzesse in einem von der Gruppe Moody Blues angemieteten Haus vor Fehlern und Halbwahrheiten nur so strotzte. Auch Mick Jagger sei bei diesen Partys dabeigewesen, bei denen auch LSD konsumiert worden sei, und den beiden Reportern soll er eines Abends nichtsahnend in einem Club in Kensington gesagt haben, »ich nehme das jetzt nicht mehr so oft, wo schon die Fans damit anfangen«. An diesem Abend habe Jagger außerdem, so die Zeitung weiter, noch sechs Benzedrintabletten geschluckt, »um wach zu bleiben«. Wobei die braven Journalisten gleich doppelt danebenlagen. Sie hatten an diesem Abend erstens nicht mit Mick Jagger Wodka getrunken, sondern mit Brian Jones, und der hatte über Haschisch gesprochen und nicht über LSD.

Aber genauso wie sich das Pop-Universum aus eigenen Wahrheiten zusammensetzt, so besteht auch das Parallel-Universum der heilen Bürgerwelt aus Dingen, denen eine höhere Realität zukommt – will sagen: Es war ganz egal, was an dem Bericht stimmte und was nicht. Schließlich hatten die Rolling Stones schon im Januar mal wieder bewiesen, wie leicht doch der gute Geschmack und feinfühlige Gemüter zu verschrecken sind. »Let's Spend The Night Together«, der Titel ihrer neuen Single, war schon eindeutig genug, damit sich moralische Gewitterwolken über ihren drogenvernebelten Köpfen zusammenballten. »Let's spend some time together«, hatten sie ganz konziliant in der »Ed Sullivan Show« gesungen. Trotzdem war längst geklärt, wer zu dieser Zeit der Staatsfeind Nummer eins war. Draußen herrschte zwar Krieg, aber das war weit weg, im Dschungel von Vietnam; viel bedrohlicher schien hingegen das, was sich inmitten der gesitteten Welt abspielte, und wenn schon der Kampf gegen den Kommunismus Opfer erforderte, dann ganz sicher auch der gegen diese pillenschluckenden, sexgeilen Jungs, die nicht nur ihre eigenen Hirne vernebelten, sondern immer mehr auch die der Jugend.

Mick Jagger war jedenfalls ganz froh, ein paar Tage aus London wegzukommen; außerdem waren bei dem Wochenendausflug nach Redlands auch seine damalige Freundin Marianne Faithfull dabei, Keith Richards natürlich und Anita Pallenberg, die immer mal wieder zwischen Brian Jones und Keith Richards pendelte, George Harrison und Patti, ein paar andere Freunde aus dem Kreis der jungen Elite von Chelsea, der Photograph Michael Cooper etwa und die beiden Kunsthändler Robert Fraser und Christopher Gibbs, der halb London mit marokkanischem Kunsthandwerk versorgte. Außerdem noch ein Bekannter, genannt Acid King David, dessen besonderer Vorzug darin lag, daß er nicht nur LSD dabeihatte. Acid King David hatte auch noch einen Koffer voller grelloranger Kapseln mitgebracht. Den Samstag verschlief die Trip-Gesellschaft erst mal, zum Frühstück am Sonntag gab es Tee und Pillen, *White Lightning*. Ein paar Stunden liefen sie am Strand entlang, schließlich war es ein schöner, klarer Wintertag, sie paddelten ein bißchen im Meer, und als sie gegen Abend zurückkamen, machten sie es sich vor dem Kamin gemütlich, um ein wenig Gras zu rauchen. George Harrison war mittlerweile zurück nach London gefahren, es war ihm zu langweilig geworden, und Keith Richards ist bis heute zumindest immer noch der Meinung: wenn einer der »Unantastbaren«, einer der Beatles also dabeigewesen wäre, dann wäre das, was nun kommen sollte, alles gar nicht passiert.

Zuerst erschien nur das Gesicht einer Frau am Fenster, dann klopfte es so laut, daß man es sogar trotz des Dylan-Krachs hören konnte, der aus den Boxen drang, und als die Razzia-Truppe schließlich im Haus war, da hatten die knapp 20 Polizisten eine Szenerie von exquisiter Dekadenz vor Augen – erst recht, als sie Marianne Faithfull sahen, die gerade ein Bad genommen hatte und mit nichts weiter als mit einer riesigen Felldecke bekleidet auftauchte, die sie ganz aus Versehen etwas beiseite rutschen ließ. Drogen waren natürlich reichlich vorhanden, auch wenn schon fast das ganze LSD verbraucht war. Die restlichen Drogen übersahen die Polizisten im Grunde sämtlich, Acid King Davids Koffer etwa, der immer noch randvoll war mit Kokain, Cannabis und anderen Mitteln – aber die Beamten glaubten ihm, daß in dem Koffer belichtete Filme seien. Nur bei Robert Fraser wurden sie fündig, der den Rest eines weißen Pulvers in einem Kästchen bei sich trug – und bei Mick Jagger. Die kleinen Kapseln hatte Marianne Faithfull von einem DJ bekommen, als sie und Jagger im Spätsommer im Urlaub an der französischen Riviera gewesen waren. Unglücklicherweise hatte Jagger an diesem Abend die grüne Samtjacke dabei, in deren Tasche Faithfull die Amphetamine gesteckt und vergessen hatte. »Die hat mir mein Arzt verschrieben«, erklärte Jagger, »damit ich wach bleibe und arbeiten kann.« Die Polizisten zogen mit ihren Funden ab, nicht ohne Keith Richards vorher zu warnen: Wenn irgend etwas davon illegal sei, dann sei er als Hausbesitzer auch mit dran. »Die mögen nun mal keine kleinen Jungs, die viel Geld haben«, sagte Richards später einmal dazu. »Aber solange du sie nicht belästigst, ist das in Ordnung. Aber wir haben sie belästigt. Wir haben sie belästigt, weil wir so aussahen, wie wir aussahen, weil wir uns so benommen haben, wie wir uns eben benommen haben. Weil wir denen nie irgendeine Art von Respekt gezeigt haben.«

Die Beatles waren vielleicht zu Möchtegernheiligen geworden, die Rolling Stones waren definitiv die bevorzugten Sünder dieser Tage. Was die natürlich auch zelebrierten. Als dann aber die Geschichte von der Redland-Razzia am 19. Februar haarklein in *News of the World* erschien (der Verdacht fiel sofort auf Herrn Schneiderman, den alle immer nur Acid King David genannt hatten, den aber keiner richtig kannte), da wurde es sogar ihnen etwas zuviel. Gerade hatten sie ihr neues Album »Between the Buttons« veröffentlicht – ähnlich verwischt wie das Cover wirkte das Ganze, ziemlich unklar, in welche Richtung es gehen sollte, ein wenig schnell rausgehustet, unter dem Dauerdruck von Tourneen und des nächsten Albums –, da schien es ihnen ein günstiger Zeitpunkt zu sein, um sich bis zum Beginn der nächsten Tour Ende März etwas zurückzuziehen. Und so machte sich beinahe die gleiche Gesellschaft, die in der Alptraumnacht von Redlands versammelt war, auf den Weg nach Marokko. Mick Jagger und Marianne Faithfull flogen von Paris aus, Brian Jones, Keith Richards und Anita Pallenberg machten sich im Bentley auf – ein Trio also, das nur ein heikles Konstrukt zusammenhielt. Das schwankte das erste Mal, als Jones mit dem Verdacht auf Lungenentzündung in Toulon bleiben mußte; das schwankte ein zweites Mal, als Jones Anita Pallenberg verprügelte, weil er meinte, sie habe ihn mit Richards betrogen; das schwankte zunehmend in den Tagen in Marrakesch, die die Stones mit ihren Freunden zwischen Swimmingpool, LSD-Rausch und nächtlichen Wanderungen ins Atlas-Gebirge verbrachten. Bis Keith Richards schließlich Pallenberg ins Auto packte und sich mit ihr davonmachte. »Sie haben mich verlassen«, stammelte ein paar Tage später ein ziemlich fertiger Brian Jones, der den beiden nachgereist war und nun bei einem Freund in Paris vor der Tür stand. »Sie sind einfach abgehauen und haben mich zurückgelassen.« Es war vielleicht nicht das entscheidende Ereignis, aber das Leben wurde für Brian Jones immer schwerer nach dem Verlust von Pallenberg.

Als die Rolling Stones dann Ende März auf Tour gingen, da war schon klar, daß sich Mick Jagger, Keith Richards und Robert Fraser

»Wir werden alles verkraften...« Die einen wurden zu Möchtegernheiligen, die anderen zu den bevorzugten (wenn auch erfolgreichen) Sündern der Nation. Das Erstaunliche daran war, daß die Stones wie die Beatles ihre Metamorphosen, aber auch die für sie von den Medien geschaffenen Schablonen letztlich denselben Stoffen zu verdanken hatten: LSD, Marihuana, Kokain und ihren Freunden.

vor Gericht verantworten mußten. »Die denken, daß sie uns brechen können, Mann, aber das läuft nicht«, sagte Jagger zu Tony Sanchez. »Wir werden alles verkraften, mit was auch immer die uns bombardieren, und wir werden schließlich doch gewinnen. Wir sind in einer Position, in der wir den Kids sagen können, was für ein Scheiß da läuft, und das werden wir auch machen.« Auf der Tour hatten sie erlebt, was das bedeutete. In Hälsingborg in Schweden wurden Hunde eingesetzt, um die randalierende Jugend unter Kontrolle zu halten. In Wien warf das Publikum Rauchbomben, 154 Fans wurden schließlich eingesperrt. Und in Warschau spielten die Stones vor ausgewähltem Publikum, während sich draußen 2000 Jugendliche eine Straßenschlacht mit der Polizei lieferten, die Tränengas einsetzen mußte und Wasserwerfer. Die Jugend Europas und Amerikas war in Aufruhr, und die Rolling Stones schrieben die Musik dazu. »Es liegt eine Bedrohung in der Luft. Die Teenager schreien nicht mehr wegen der Popmusik, sie schreien aus tiefer gehenden Gründen. Wir sind dafür nur eine Art Ventil«, sagte Mick Jagger nach der Tour dem Massenblatt *Daily Mirror*. »Ich interpretiere das als eine Demonstration gegen die Gesellschaft und gegen die kranken Lebensmaximen. Teenager auf der ganzen Welt haben es satt, von schwachsinnigen Politikern herumgeschubst zu werden, die versuchen, ihre Art zu denken durchzusetzen und die Art zu leben zu diktieren.« Das sei ein Protest gegen das System, »ich sehe da eine Menge Ärger heraufziehen, wenn es Morgen wird« – und wenn er auf der Bühne stehe, dann könne er förmlich spüren, wie das jugendliche Publikum mit ihm kommunizieren wolle, »wie Telepathie, mit einer ganz dringenden Botschaft«.

»I Want To Hold Your Hand«, hatten die Beatles einst nicht ganz so unschuldig in die Teenager-Menge gerufen – über den Ozean, bis in den tiefsten Westen der bekannten Welt und bis ins hinterste Colorado hinein. »East and west, the fire will rise, baby«, schallte es nun zornig über den Ozean zurück, aus der Kehle von Bob Dylan. Seine Botschaft war klar, sie war laut und nicht länger zu überhören, denn er war nicht alleine: »This Wheel's On Fire«. Es war die »Atmosphäre einer diffusen Bedrohung, der Angst und des Entzückens«, wie Greil Marcus die Stimmung jener Tage bezeichnet, die nicht nur Bob Dylan damals ergriffen hatte, nach seinem Motorradunfall im Sommer 1966, als er die Musik aufnahm, die schon lange als *Bootlegs* kursierte und erst 1975 unter dem Titel »Basement Tapes« veröffentlicht werden sollte. »Haight-Ashbury« hallte es nach und »Big Sur«, ein verlockendes Echo, das nach Freiheit klang und nach Revolte; Namen voller Magie, die da aus Kalifornien drangen, ein Widerhall, der nicht nur die Jugend Amerikas in Bewegung setzen sollte. Es war das Jahr von Napalm und *Flower Power*, das Jahr, als 400 000 Menschen in New York gegen den Krieg in Vietnam protestierten und die *Beautiful People* der Westküste ihre eigene Lebensutopie herbeiträumen wollten; das Jahr, als Muhammad Ali erst seinen Weltmeistertitel verlor und dann zu fünf Jahren Gefängnis verurteilt wurde – weil er sich geweigert hatte, seinen Militärdienst anzutreten. Es war 1967, das Jahr, in dem die Beatles ein paar weitere Schritte in Richtung Ewigkeit tun sollten.

Aber erst einmal standen sie still. Wie oft waren sie schon vor hysterischen Mädchenhorden geflohen, wie oft hatten sie das Flughafenspektakel mitgemacht, wie oft hatten sie vor Menschenmassen gespielt und dabei doch nie das erreicht, was sie musikalisch im Sinn hatten? Die Rolling Stones seien, so sagte es einmal ganz unbescheiden Mick Jagger, sicher die bessere Tour-Band, eben »The World's Greatest Rock'n'Roll Band«, wie es seit Ende der sechziger Jahre schlicht und einfach heißt – die Beatles aber, da war Jagger großzügig, seien eben die besseren Songschreiber und Komponisten. Aber bevor die sich wieder zusammentun sollten, um sich dort zu treffen, wo sie sich am wohlsten fühlten, bevor sie sich Ende November 1966 im Abbey-Road-Studio versammelten, zerstreuten sie sich erst einmal. John Lennon etwa: Filmaufnahmen für »How I Won the War« unter der Regie von Richard Lester, ein LSD-verzerrter Alltag, eine folgenreiche Vernissage in der Galerie von Marianne Faithfulls Ex-Mann John Dunbar, wo er eine kleine Frau namens Yoko Ono traf. George Harrison hatte sich derweil nach Indien verabschiedet, um sich von Ravi Shankar zeigen zu lassen, wie man das Sitar-Spiel verbessern konnte. Paul McCartney reiste ein bißchen durch Afrika, fuhr ein wenig mit seinem reichen Erben-Freund Tara Browne Motorrad, hatte einen kleinen Unfall und wurde daraufhin eine Weile für tot gehalten. Und Ringo Starr kümmerte sich ein paar Monate lang um seine sechs Fernsehgeräte, seine Autos, seinen Billardtisch und seinen einarmigen Banditen. Ansonsten hingen die Beatles mit ihren Musikerfreunden herum, und Brian Epstein, noch immer ihr Manager, durfte das Gerücht dementieren, die Gruppe habe sich aufgelöst. Hatten sie auch nicht. Statt dessen hatten sie sich entschieden, Pop-Geschichte zu schreiben.

Als sie nach drei Monaten wieder auftauchten, da hatten sie gerade mal drei Songs vorzuzeigen. Eigentlich waren sie als Anfangspunkte einer neuen LP gedacht, einer LP, die sich nicht nur an dem messen lassen mußte, was die Beatles selbst mit »Revolver« als neuen Standard etabliert hatten – neben »Aftermath« von den Stones hatte es 1966 eine ganze Reihe von richtungweisenden LPs gegeben, »Fifth Dimension« von den Byrds etwa, »Freak Out« von Frank Zappas Mothers Of Invention, »A Quick One« von The Who oder Bob Dylans episches »Blonde On Blonde«; es waren aber vor allem die Beach Boys mit ihrem Kalifornien-Hymnen-Zyklus »Pet Sounds«, die die Beatles beeindruckt hatten, vielleicht mit Ausnahme von John Lennon. Das Problem an der Sache war: Die Beatles hatten schon eine halbe Pop-Ewigkeit keine Single mehr veröffentlicht, und so entschied sich George Martin von Parlophone dafür, »Penny Lane« und »Strawberry Fields Forever« (der dritte Song war das Elternherzen erwärmende »When I'm 64« gewesen) Mitte Februar 1967 als Single auf den Markt zu bringen – eine Single mit zwei A-Seiten gewissermaßen, einmal ganz McCartney, einmal ganz Lennon. Zwei komplett verschiedene Versionen zum selben Thema: ihre Kindheit in Liverpool. Und auch wenn es die erste Beatles-Single seit 1962 werden sollte, die es nicht bis zur Nummer eins schaffte (da hatte sich ein Sänger mit dem Namen Engelbert Humperdinck festgesetzt): Die Beatles, das war damit bewiesen, hatten die schnellebigen Kategorien der Top-ten-Welt hinter sich gelassen. Da war zum einen Lennons »Strawberry Fields Forever«, die Geschichte eines Waisenkindes in einer Institution namens Strawberry Fields, ganz in der Nähe von dort gelegen, wo Lennon als Kind in Woolton gelebt hatte. Die Einsamkeit des Rebellen, die Unsicherheit und Orientierungslosigkeit der Jugend, die Sehnsucht nach der Kindheit, all das vermischte sich zu einem LSD-taumelnden Rätselsong, all jenes wurde zu einem musikalischen Spiegel der Selbstzweifel, die Lennon in dieser Zeit plagten. Kurz: Die brillant arrangierte Kehrseite zu McCartneys Optimismus, der in »Penny Lane« die Nostalgie der fünfziger Jahre mit der Euphorie und dem Lebenshunger der späten Sechziger vereinte.

Dieses Penny Lane, von dem McCartney erzählt (und wo Lennon als Kind lebte), ist weniger eine bestimmte Straße als ein eigener Kosmos, jener Teil der Welt, in dem McCartney, Lennon und die anderen groß geworden waren: hier der Friseur, da der Busparkplatz, dort der Kiosk, beleuchtet von den hellen Erinnerungsblitzen an eine Jugend, die so naiv wie wissend war – und die ein Land bewohnte, über dem sich »blue suburban skies« spannten.

Ein Himmel von sehr hellem, etwas wäßrigem Blau, und darunter Köpfe, Gesichter, Helden: Bob Dylan ist dabei, Marlon Brando und Oscar Wilde, Karl Marx und W.C. Fields, Stan Laurel und Oliver Hardy, Marilyn Monroe und Aubrey Beardsley, Sonny Liston und Stu Sutcliffe. In der Mitte die vier Musketiere, in gelber, pinker, hellblauer und roter Flohmarktuniform, ein Blumenbett zu ihren Füßen mit ihrem Namen, ein paar kleine Marihuana-Pflänzchen. Und rechts, etwas unachtsam in die Ecke geworfen, liegt eine Puppe, die einen zu großen Pullover trägt. Und auf dem Pullover steht: »Welcome the Rolling Stones«. Ein Treffen im Pop-Pantheon, ein Moment außerhalb der Zeit, eine Epoche auf ihrem Gipfel. Schon das Cover von »Sergeant Pepper's Lonely Hearts Club Band«, das der Popkünstler Peter Blake für die Beatles entworfen hatte, erzählt die Geschichte einer ganzen Generation; was sich darin befand, das nannten im Juni 1967 einige »ein ›Waste Land‹ des Pop«, »ein Barometer unserer Zeit«, »eine neue und goldene Renaissance des Songs« – oder einfacher, wie der Kritiker Kenneth Tynan, »einen entscheidenden Moment in der Geschichte der westlichen Zivilisation«.

Vier Monate hatten sie im Studio verbracht und dabei 25 000 Pfund verbraten, zwanzigmal soviel wie ihr erstes Album 1963 gekostet hatte. Sie hatten dabei Farmgeräusche produziert, mit einem jaulenden Fuchsrudel, sie hatten ein ganzes Orchester dagehabt, das mit Clown-Nasen und Gorilla-Pranken kostümiert war, sie hatten stundenlang nach einem Ton gesucht, den nur Hunde hören können. Und sie hatten mit dem Ende angefangen. »A Day In The Life«, ein Song wie ein freundlicher LSD-Trip mit bösem Ausgang. Eine echte Lennon-McCartney-Koproduktion, die von ihrem gemeinsamen Freund Tara Brown handelte, dem Guinness-Erben, der vier Wochen vorher ein Rotlicht übersehen hatte: »a lucky man who made the grade«. Und was zwischendurch erscheint wie durch milchiges Glas gesehen, dieser Assoziationsstrom voller dunkler Vorahnungen und doch auch heiter-gelassenem Optimismus, der wie ein reißender Wasserfall in ein furioses Lärm-Finale mündet, das klingt wie das Ende einer Welt. Dieser letzte Song auf »Sergeant Pepper« hat eine, wenn auch wabernde, Botschaft: »I'd love to turn you on« – ein Widerhall der euphorisch-freundlichen Stimmung, in der die vier LSD schluckenden Beatles in wiedergefundener Nähe ihr Meisterstück fabriziert hatten.

Es waren dabei weniger die einzelnen Songs, die »Sergeant Pepper« seine besondere Qualität verliehen, als vielmehr die Art und Weise, wie diese 13 Songs sich so ergänzten und miteinander verschmolzen, daß daraus eine eigene Welt innerhalb der Welt werden konnte; das, was Allen Ginsberg als die versöhnliche Vision dieser Platte bezeichnet hat – was die BBC nicht daran hinderte, »A Day In The Life« wegen Drogenanspielungen aus dem Programm zu verbannen. Da gab es etwa harmlose Kleinigkeiten wie »When I'm 64« oder das elegische Alltagsdramolett »She's Leaving Home«, die beide den Generationenkonflikt zum Thema hatten; da gab es McCartneys »Lovely Rita«, von dem John Lennon später sagen sollte, diese Songs über Dritte interessierten ihn nicht, »Geschichten von langweiligen Leuten, die langweilige Sachen machen«; da gab es »Lucy In The Sky With Diamonds«, eine Aufnahme, die Lennon ziemlich schnell haßte. Was es jedenfalls nicht mehr gab, das war »ehrlicher Trash«, wie Nik Cohn sich beklagt. Die Beatles, so Cohn, gehören »nicht mehr zu ihrer Zeit und ihrem Ort, sie sind in ein Limbus entschwebt. Da sind dann vielleicht eine Million Acid-Heads, Pseudo-Intellektuelle, verwirrte Schulkinder und Freaks von jeder Sorte, die ihnen dorthin gefolgt sind, aber den großen Teil ihres Teenager-Publikums haben sie einfach stehenlassen.«

Das Königreich der Jugend hatten sie längst verlassen, jetzt war es die Menschheit, die sie retten wollten. 200 Millionen sahen zu, als sie sich am 25. Juni wieder in den Abbey-Road-Studios trafen, um ihr neues Lied aufzunehmen, von der BBC in die Welt getragen. »Love, love, love«, sangen die vier, »all you need is love, love. Love is all you need.« Sie waren auf dem Gipfel der Welt, und nicht einmal Paul McCartneys Geständnis, ja, auch er habe LSD genommen, schien ihnen noch schaden zu können. »What do you see when you turn out the light?« war die bedrohliche Frage von »With A Little Help From My Friends«, dem »Sergeant-Pepper«-Song, der später für

Joe Cocker zur Woodstock-Hymne wurde. »I can't tell you«, war die Antwort, »but I know it's mine.«

Es muß der Polizei schon ein besonderes Vergnügen gewesen sein – oder warum sonst sollten sie am Morgen des 28. Juni Robert Fraser und Mick Jagger wie zwei Schwerverbrecher und in Handschellen an einen Beamten gefesselt aus dem Gefängnis in den Gerichtssaal des kleinen Hafenstädtchens Chichester geführt haben, wo ein ehemaliger Schiffskommandeur namens Block den Prozeß gegen Jagger, Fraser und Keith Richards leitete? Einen guten Monat zuvor, just an jenem Tag, als die drei gegen eine Kaution von 250 Pfund erst einmal auf freien Fuß gesetzt worden waren, hatte eine Drogen-Razzia auch bei Brian Jones zugeschlagen: Cannabis, Methedrin, Kokain. Das Establishment, soviel war klar, suchte jemanden, den es bestrafen konnte. Und es schien, daß es bei diesem Prozeß gegen die Rolling Stones in erster Linie gar nicht um Drogen ging – ein bestimmter Lifestyle stand hier vor Gericht, der die Hirne der Jugend weich gekocht hatte, ein Lifestyle, der vor allem mit einem Wort zu kennzeichnen war, das gefährlich klang und so behandelt wurde, als sei es gesellschaftlicher Sprengsatz: Sex. Eine Orgie hätten sie gefeiert an jenem Wochenende, so wurde in der Verhandlung gegen Keith Richards argumentiert. »Nacktheit«, hallte es also durch den holzgetäfelten Gerichtssaal, und als die Rede auf jene Felldecke kam, die Marianne Faithfull nur ungenügend bedeckt hatte, da klang das Raunen beinahe wie ein Stöhnen. Außerhalb des Gerichts entwickelten die Dinge sowieso ihre eigene Dynamik: Die Partygesellschaft, so ging das Gerücht, sei am Tatort mit kollektivem Cunnilingus beschäftigt gewesen, wobei ein Mars-Riegel, der in Marianne Faithfulls Vagina gesteckt und an dem Mick Jagger herumgenuckelt habe, die Phantasie besonders anheizte. Die Stones waren auf jeden Fall für Dinge schuldig, die sich andere Leute ausmalten, auch das mußte bestraft werden. Keith Richards: ein Jahr. Robert Fraser: sechs Monate. Mick Jagger: drei Monate. Als er das Urteil hört, weint Mick Jagger.

Das Establishment, so schien es kurzzeitig, hatte seine Macht eindrucksvoll bewiesen. Mick Jagger wurde nach Brixton verfrachtet, um seine Strafe anzutreten, Richards und Fraser in ein anderes Gefängnis, nach Wormwood Scrubs, wo die anderen Sträflinge Richards zeigten, auf wessen Seite sie standen: Sie gaben ihm Tabak und Zigarettenpapier, und als »Satisfaction« aus dem Radio dröhnte, fingen sie an zu jubeln. Zwar hielten etwa 300 Jugendliche am Piccadilly Circus eine Mahnwache ab, zwar boten sich schon Gruppen an, ein »Free-the-Stones-Konzert« zu veranstalten, zwar nahmen auch The Who am nächsten Morgen Cover-Versionen der Stones-Songs »It's All Over Now« und »Under My Thumb« auf, zwar protestierten auch dem Glamour ferne Menschen wie der Dramatiker John Osborne gegen die Gefängnisstrafen – aber daß es gerade eine Stimme aus dem Herzen des Establishments sein würde, die den öffentlichen Meinungsumschwung in den Tagen nach der Verhandlung am deutlichsten und schärfsten formulieren sollte, damit hatte wohl kaum jemand gerechnet.

Am 30. Juni wurden Jagger und Richards gegen Kaution erst einmal aus dem Gefängnis entlassen, bis zur Entscheidung über ihre Berufung. Frasers Kautionsantrag dagegen wurde abgewiesen. Das war am Freitag. Und wer am nächsten Tag, dem 1. Juli, die Samstagsausgabe der ehrwürdigen *Times* aufschlug, der staunte wohl nicht schlecht. »Who breaks a butterfly on a wheel?« stand da über dem Kommentar von William Rees-Mogg, ein Zitat von William Blake, mit dem der Autor dem Richter Block Parteilichkeit und der Öffentlichkeit eine Vorverurteilung vorwarf: »Sie sind der Meinung, daß Mr. Jagger bekam, ›was er verdiente‹. Sie haben etwas gegen die anarchische Qualität der Rolling-Stones-Auftritte, sie mögen deren Songs nicht, sie mögen es nicht, wie sehr die die Teenager beeinflussen, sie werfen ihnen vor, dekadent zu sein.« Was wäre wohl passiert, so seine rhetorische Frage, wenn ein aufstrebender Student mit vier Pillen von seinem Italien-Urlaub zurückgekommen wäre und man seine Karriere zerstört hätte, indem man ihn für drei Monate ins Gefängnis gesteckt hätte? Das Fazit der *Times*: »Wenn wir aus einer Verhandlung etwas Symbolisches machen wollen für den Konflikt zwischen den vernünftigen traditionellen Werten Britanniens und dem neuen Hedonismus, dann müssen wir sicherstellen, daß diese vernünftigen traditionellen Werte Toleranz beinhalten und Unparteilichkeit.« Mick Jagger müsse genauso behandelt werden wie jeder andere, nicht besser und nicht schlechter. In diesem Fall bestehe jedoch der Verdacht, so Rees-Mogg, »daß Mr. Jagger eine härtere Strafe bekommen hat als jeder andere unbekannte junge Mann« in einem vergleichbaren Fall. Auch die anderen Zeitungen schlugen in den nächsten Tagen die von der *Times* vorgegebene Marschrichtung ein. Was nun folgte, war die logische Konsequenz im heraufziehenden Fernsehzeitalter: ein richtiges Gipfeltreffen in diesem nicht mehr kalten Krieg der Generationen, veranstaltet und übertragen von den Medien.

Weil in solchen Momenten auch die Wirklichkeit gerne den Gesetzen der Film-Dramaturgie gehorcht, wurde am 31. Juli nicht nur den Revisionsanträgen von Keith Richards und Mick Jagger stattgegeben, sie wurden gleich nach der Verhandlung in einen weißen Jaguar gepackt, in dem ein Stuntfahrer wartete, um sie mit quietschenden Reifen zu einem Hubschrauber zu fahren. Es war ein strahlender Sommertag, und so entschied man sich dafür, das Gespräch im Freien stattfinden zu lassen, auf dem Rasen vor dem Landsitz des Lords von Essex, Sir John Ruggles-Brise. Für die Kirche war Bischof Stockwood eingeladen worden, für das Parlament Sir Stow Hill, zur ökumenischen Balance der Jesuitenpater Thomas Corbishley, William Rees-Mogg sollte das Ganze moderieren. Und weil es eben ein heißer Tag war und die Sonne brannte, schon deshalb hatte Mick Jagger in seinem luftigen Kittel einen nicht zu unterschätzenden Vorteil. Das Establishment schwitzte, Jagger blieb recht kühl.

»Ähm, Mick«, begann Rees-Mogg die Diskussion vor laufenden Kameras, »Sie sind eine Art von Symbol der – ähm – Rebellion. Denken Sie – ähm – daß es heute vieles in unserer Gesellschaft gibt, gegen das man rebellieren sollte?« Worauf Jagger antwortete: »Ich habe mich nicht zu einem Anführer innerhalb der Gesellschaft gemacht. Erst die Gesellschaft schubst einen in diese Position.« Und so ging es weiter. Respektvoll-vortastende Fragen aus einer Defensivhaltung heraus, kurze, klare Antworten von Jagger. »Würden Sie nicht auch sagen, daß bestimmte Drogen, Heroin zum Beispiel, ein Verbrechen gegen die Gesellschaft darstellen?« »Es ist ein Verbrechen vor dem Gesetz, ich sehe nicht, warum es ein größeres Verbrechen sein sollte, als wenn jemand aus dem Fenster springt.« »Aber sicher sollte ein Verbrechen gegen die Gesellschaft verfolgt werden?« »Menschen sollten für Verbrechen verurteilt werden, nicht für die Ängste der Gesellschaft.«

Die Beatles waren auf dem Gipfel, die Stones hatten sich gerade fürs erste vor dem endgültigen Aus gerettet – auch wenn der Prozeß gegen Brian Jones noch bevorsteht. Beide benötigten Abstand, beide suchten Orientierung, beide trugen Kaftane und Perlenketten, und weil sie nicht nur eng befreundet waren, sondern nun auch noch Brüder in Waffen (die Beatles hatten nicht nur die Hintergrund-Vocals zu »We Love You« beigesteuert, der sarkastischen Liebeserklärung der Stones an das Establishment, sie hatten auch zusammen mit ihrem Manager Brian Epstein einen offenen Brief in der *Times* unterzeichnet, der die Freigabe von Marihuana verlangte), deshalb machten sie sich eine Weile lang gemeinsam auf die Suche. Im Juli hatten die Beatles mit dem Gedanken gespielt, eine Art Hippie-Kommune auf einer griechischen Privatinsel zu errichten. Das ultimative Heil war in jenen Tagen ein wertvolles Gut, in London wurden sogar in der U-Bahn spirituelle Versprechen plakatiert. Einer von diesen Heilspredigern, der vielleicht bekannteste, war der Maharishi Mahesh Yogi, und als sich am 25. August neben den vier Beatles, Patti Harrison und Jane Archer auch noch der satanische Mick Jagger und seine engelsgleiche Freundin Marianne Faithfull am Bahnhof einfanden, um gemeinsam mit dem Guru für zehn Tage ins abgelegene Bangor im Norden von Wales zu fahren, da war der Presseansturm enorm. In Bangor erklärten die Beatles auf einer Pressekonferenz, sie bräuchten nun keine Drogen mehr, sie hätten andere Wege gefunden, »dorthin« zu gelangen. Alles schien relativ friedlich und versöhnlich – bis Sonntag nachmittag das Telefon klingelte. »Oh, Jesus, nein …«, rief Paul McCartney, der an den Apparat gegangen war. In London hatte man Brian Epstein tot in seinem Schlafzimmer aufgefunden.

7. »Let It Be« vs. »Let It Bleed« – Das Ende einer Zeit

Let it be, let it be
Let it be, let it be
And there will be an answer, let it be
          Beatles, 1970

Bleed alright, bleed alright, bleed alright,
you can bleed all over me
          Rolling Stones, 1969

Wie fast immer waren die Dinge eigentlich schon vorbei, bevor sie ein wirkliches Ende fanden. Das gilt für die blumenbunte Gesellschaftsutopie der späten sechziger Jahre genauso wie für das langsame Weggleiten Brian Jones', das galt für die Kluft zwischen John Lennon und Paul McCartney, die schließlich die Beatles sprengte, und das galt auch für Brian Epstein. In seinem Fall hatte das Ende sogar ein konkretes Datum: Sein Fünf-Jahres-Vertrag als Manager der Beatles sollte im Oktober 1967 enden, und alles sprach dafür, daß er nicht verlängert werden würde. Was das bedeuten würde, war ihm schon ein Jahr zuvor klargeworden, als die Beatles ihr letztes Konzert gaben – und der unsichere, idealistische und abhängige Brian Epstein damit seinen wesentlichen Lebensanker zu verlieren drohte. »Was soll ich denn jetzt machen?« fragte er auf dem Heimflug immer wieder, berichtet der Beatles-Biograph Philip Norman. »Soll ich noch mal auf die Universität gehen und etwas Neues lernen?«

Im Januar 1967 hatte Epstein für die Beatles noch einen neuen Vertrag mit der Plattenfirma EMI ausgehandelt, ein Deal, wie Norman schreibt, »der die Ökonomie der Plattenindustrie verändern sollte«. Die Beatles bekamen nun einen Anteil von zwischen zehn und 15 Prozent an den Plattenverkäufen – ein Vertragsabschluß, der allerdings Paul McCartney immer noch nicht recht überzeugen konnte. Die Rolling Stones, daran erinnerte er sich sehr genau, hatten damals durch ihren Manager Allen Klein mit der Plattenfirma Decca einen augenscheinlich sehr viel besseren Deal ausgehandelt. Was die Beatles in dieser Zeit noch nicht wußten und wovon sie vielleicht nicht einmal etwas ahnten, das war, wieviel Geld ihnen tatsächlich entgangen war, weil Brian Epstein ein paar ziemlich amateurhafte Fehler begangen hatte. Dabei ging es vor allem um die Sache mit den Merchandising-Rechten, die Epstein recht schnell und sträflich billig abgegeben hatte – der Prozeß mit der Merchandising-Firma Seltaeb ging mittlerweile ins dritte Jahr. Hunderte von Millionen Dollar waren den Beatles entgangen, und langsam bekamen auch sie die Geschichten mit, die man sich bei Epsteins Firma NEMS und auch im Umfeld der Gruppe über das verlorene Geld und die Gründe dafür erzählte.

Brian Epstein hatte die Beatles verehrt und geliebt, er hatte einer von ihnen sein wollen, ein Beatle. Nun, da sie erwachsen geworden waren und sich unabhängig machen wollten, drohte es einsam um Epstein zu werden. Ob er sich bewußt umbrachte, indem er über drei Tage hinweg mehr und mehr Schlafmittel nahm, ob es ein langsames und eigentlich unbeabsichtigtes Hinübergleiten war oder – was wäre schließlich der aufsehenerregende Tod eines Popkönigs ohne eine Verschwörung? – ob es also nicht doch Mord war: All das bleibt bis heute ungeklärt. Die britische Presse jedenfalls ließ nach und nach durchsickern, daß Epstein homosexuell gewesen sei. Und 1967, in dem Jahr, als Homosexualität in England für legal erklärt wurde und gleichzeitig die Gerichte damit beschäftigt waren, die Frage zu klären, ob Hubert Selbys Roman *Last Exit to Brooklyn* nun obszön sei oder nicht – eine Frage, die im November mit »Ja« beantwortet wurde –, in jenem Jahr, so schreibt Philip Norman, da schien Homosexualität »für große Teile der britischen Öffentlichkeit schon Grund genug zu sein, sterben zu wollen«.

Die Beatles saßen derweil zu Füßen ihres neuen Gurus, des Maharishi. Sie eröffneten eine Boutique, die sie »Apple« nannten. Und sie fühlten sich vermutlich auch ein wenig wie diese LSD-beschwingten Jungs, Ken Kesey und seine »Merry Pranksters«, die vor zwei Jahren im Bus durch Kalifornien getourt waren. Nun wollten die Beatles ihre eigene »Magical Mystery Tour« veranstalten, eine Zugfahrt durch England im September 1967, zu der ein Film gedreht werden sollte und die im Chaos endete – ihr größter Triumph und ihr größtes Desaster im selben Jahr. Die Musik jedenfalls, und da ging es ihnen ähnlich wie den Rolling Stones, die mit anderen Dingen wie etwa Gerichtsverfahren beschäftigt waren, schien in dieser

Zeit weniger wichtig zu sein. Statt dessen tauchten bei den Dreharbeiten vierzig Zwerge und eine Militärkapelle auf, es gab viele bunte Kostüme, einen Tourbus, einen zunehmend heruntergekommenen Zug, der irgendwann im Kreis raste, während ihn irgendwelche Limousinen verfolgten – und keiner schien zu wissen, warum. »Die Beatles«, soll die Queen dem Vorsitzenden der Plattenfirma EMI im Buckingham Palace bei einem Empfang im Sommer zugeflüstert haben, »die Beatles werden immer seltsamer, nicht?«

Immerhin gelang ihnen noch, mit ihrer nächsten Single nicht nur den größten Erfolg seit »She Loves You« zu erringen, sieben Wochen auf Nummer eins, sondern auch eine Single von aussagekräftiger Ambivalenz zu präsentieren. Auf der einen Seite McCartneys »Hello Goodbye« nach dem bewährten Erfolgsrezept, auf der anderen Seite Lennons verachtungsvolles Nonsens-Opus »I Am The Walrus«, das wegen des Wortes »Schlüpfer« schließlich von der BBC zensiert wurde. Als dann am 26. Dezember 1967 15 Millionen weihnachtlich geplagte Briten vor den Fernseher flüchteten, um das neueste Beatles-Meisterwerk zu bestaunen, und statt dessen die verwackelten Bilder einer grotesken Klassenfahrt vorgesetzt bekamen, da schlugen fünf Jahre Verehrung in Enttäuschung um. »Zum ersten Mal seit ihrer Existenz«, so das Fazit von Philip Norman, »waren die Beatles unpopulär.«

»Es war eine seltsame Zeit damals, 1967, als jeder einfach das Tempo rausnahm, als alles einfach stoppte. Jeder versuchte sich klarzuwerden, was eigentlich vor sich ging. Zur gleichen Zeit passierten so vielen verrückten Leuten so viele verrückte Dinge.« Was Keith Richards nicht sagt: 1967 war auch das Jahr, als die Stones fast auseinandergebrochen wären. »Das war eine sehr schwierige Phase«, erzählt Mick Jagger. »Die ganzen Drogen, die Auseinandersetzungen, die internen Streitereien.« Da war vor allem Mick Jaggers Vorstellung, die Stones sollten sich in eine Hippie-Band verwandeln – und das, während drei ihrer Mitglieder in Gerichtsverfahren verwickelt waren (Brian Jones wurde im Herbst wegen illegalem Drogenbesitz zu neun Monaten Gefängnis verurteilt und nach einer Nacht gegen Kaution wieder freigelassen). Das Vorbild ihrer nächsten Platten-Unternehmung waren dabei zweifellos die Beatles: ohne »Sergeant Pepper« hätte es das Stones-Desaster mit »Their Satanic Majesties

Request« nicht gegeben. Denn was dann am 12. Dezember 1967 in die Läden kam (was wegen der langen Abstinenzzeit seit »Between the Buttons« so heiß erwartet wurde, daß allein in den USA Platten für zwei Millionen Dollar vorbestellt wurden), enttäuschte beinahe alle ziemlich schwer. Das Ganze trug zwar den Namen der Stones im Titel, aber das war, wenn überhaupt, nur bei einem Song zu bemerken, »She's A Rainbow«. Der Rest war eine weichgewaschene Suppe aus aufgepeppten Kinderliedern, hilflosem Geklappere, ratlosem Experimentieren und fahlem Singsang. Ein Gutes hatte dieser Dezembertag immerhin: Die Gefängnisstrafe gegen Brian Jones wurde ausgesetzt, unter der Bedingung, daß er sich in psychiatrische Behandlung begebe.

»It's a-a-a-aw-right now, life is a gas!« Da war es auf einmal wieder, diese Mischung aus Versprechen und Bedrohung, dieses Gefühl, das die Stones groß gemacht hatte und Mick Jagger zum Lieblingsteufel einer ganzen Generation. Als sie am 2. Mai 1968 auf die Bühne marschierten, um beim Konzert des *New Musical Express* aufzutreten, da ahnte niemand, was dann nach dem ersten Anschlag Tatsache war: Eine neue Zeit war angebrochen. Eine Zeit, die drängender war, bedrohlicher, schreckensvoller als die alte; eine Zeit, die erneut Opfer forderte und Widerstand hervorrief; eine Zeit, in der die Stones viel mehr zu Hause waren als in jenem diffusen Dämmerland der Räucherstäbchen. Die Stones hatten den Vorhang zerrissen, der ihren Blick verschleiert hatte, sie hatten sich ihr Hirn geradezu freigepustet, das noch bei »Their Satanic Majesties Request« wie benebelt gewesen war. Sie hatten den Ton für jenes Jahr gesetzt, das genauso wild, ungebändigt und erfahrungshungrig werden sollte wie ihr Song »Jumpin' Jack Flash«.

Am 24. Mai sollte die Single auf den Markt kommen, begleitet von einem spektakulären Filmchen, das das grausliche kleine Pop-Märchen in grausliche kleine Pop-Bilder packte – Jagger als eine Art Zauberlehrling in der Hölle. Danach wollten die Stones ihre nächste US-Tour in Angriff nehmen, denn sie hatten verstanden, daß darin ihre Stärke, ihre Kraft und ihre Magie lagen. Die Tournee konnten sie aber rasch vergessen, denn am 21. Mai war es wieder soweit: Drogen-Razzia bei Brian Jones, der im wirklichen Leben all das war, was Jagger auf der Bühne vorspielte: »Brian hatte die meiste Zeit über seinen Kopf zum Platzen vollgepumpt mit Drogen, während Jagger nur ab und zu etwas Dope nahm, weil er so besorgt war um sein Aussehen«, erzählt Tony Sanchez, immer noch ständiger Partygenosse und Weggefährte der Stones in jenen Tagen. »Brian, das bedeutete Orgien, Lesben, Sadomasochismus, während Jagger sein kleinliches, pedantisches, bürgerliches Leben führte mit der Tochter einer Baronesse (Marianne Faithfull – Anm. d. Verf.) und ständig besorgt darüber, daß jemand Kaffee auf einen seiner Perser kippen könnte.«

Die Frage stellte sich jedenfalls immer drängender, ob Brian Jones eine Zukunft mit den Stones haben würde. Einstweilen quartierte ihn Keith Richards zusammen mit seiner neuen Freundin Suki Poitier bei sich und Anita Pallenberg ein. Jones war gegen eine Kaution von 2000 Pfund bis zu seinem Prozeß im September auf freien Fuß gesetzt worden. Bis dahin setzte er sich zunächst Woche für Woche mit den anderen ins Studio, allein, gedankenverloren und recht zufrieden an seiner Gitarre herumzupfend, wie ihn Jean-Luc Godard in dem anfangs erwähnten Film *One Plus One* eingefangen hat. Sie wollten sich neu erfinden, indem sie ganz die alten Stones waren. Sie würden gut sein wie selten zuvor. Sie sollten das in Musik packen, was um sie herum passierte. Im Januar die Tet-Offensive in Vietnam, im März die antikommunistischen Ausschreitungen in Warschau und die Anti-Vietnam-Proteste in London, im April die Straßenschlachten nach dem Dutschke-Attentat in Berlin, im Mai die Studentenproteste in Paris, im August die Krawalle in Los Angeles, das Ende des Prager Frühlings und Hunderte von Verletzten bei den Protesten gegen das Treffen der Demokratischen Partei in Chicago. »Everywhere I hear the sound of marching, charging feet, boy«, grölte Mick Jagger dazu, ein »Street Fighting Man« mit heiserer Stimme, der dabei war, als vor der US-Botschaft in London gegen den Vietnamkrieg demonstriert wurde. »Summer's here and the time is right for fighting in the streets, boy!«

Am 26. Juli trafen sich alle im Vesuvio Club, die Stones und ihre Frauen, John Lennon, Paul McCartney, ein Großteil der Pop-Aristokratie, um zwei Dinge zu feiern: Mick Jaggers 26. Geburtstag und das neue Album der Stones, »Beggars Banquet« – wahrscheinlich ihr bestes Album überhaupt, was um so erstaunlicher war nach dem Absturz von »Their Satanic Majesties Request«. Nachdem sich die Plattenfirma Decca geweigert hatte, das Album mit seinem ursprünglichen Cover zu veröffentlichen, einem schlichten, wenn auch etwas verschmierten Männerklo, wurde »Beggars Banquet« erst im Dezember auf den Markt gebracht – es trug jedoch unüberhörbar die Stimmung jener tumultuösen Tage in sich, die mit »Street Fighting Man« eine Art Ouvertüre erhielten und mit »Sympathy For The Devil« ein passendes Requiem. Wenn auch die Stones vermutlich nicht für Schwarze Magie standen, wie Kenneth Anger behauptete, hinter den Blues- und Country-Melodien war zweifellos ein großflächiges dunkles Terrain zu entdecken. Da gab es das melancholische »No Expectations« oder »Stray Cat Blues« voller ziemlich eindeutiger Anspielungen, die helle Hymne »Salt Of The Earth« und den Gospel-Klassiker »Prodigal Son«, und als die vorwärtsdrängenden Samba-Trommeln ertönten und die kurzen Schreie, die wie Papageien klangen, als also an jenem Abend bei »Sympathy For The Devil« die ganze Menge auf die Tanzfläche stürmte, da war der Triumph der Stones gesichert. Schade nur, daß Paul McCartney dann in aller Diskretion Tony Sanchez, dem der Club gehörte, noch eine Platte hinschob: ob er das nicht mal spielen wolle, es sei die neue Single der Beatles, mal sehen, was die davon hielten. Schade also, daß der Club ein zweites Mal kopfstand – bei »Hey Jude« und »Revolution« von den Beatles. »You say you want a revolution, well you know, we all want to change the world«, sang da John Lennon. »But when you talk about destruction, don't you know that you can count me out.« Dazu noch: »Don't you know it's gonna be alright.« Und auch wenn es dasselbe Wort war, John Lennons weich geflötetes »alright« klang in den Ohren der Jugend anders, und es bedeutete auch etwas anderes als Mick Jaggers lautes »a-a-a-aw-right«.

Im Februar 1968 hatten sich die Beatles zusammen mit ihren Frauen nach Indien aufgemacht, um sich beim Maharishi Mahesh Yogi spirituelle Erneuerung zu holen. Es war eine erlesene Schar Erwählter, die sich dort am Ganges versammelt hatte, der Sänger Donovan etwa oder auch die Schauspielerin Mia Farrow – Ringo Starr war der erste, der bei all dem Fasten, Gesinge, Meditieren und Beten nach nur zehn Tagen wieder Reißaus nahm. Die anderen hielten länger durch. McCartney, der den internen Meditationscontest mit vier Stunden knapp vor Lennon mit dreieinhalb Stunden gewonnen hatte, kehrte Mitte März nach London zurück, und als Lennon und Harrison schließlich im April wieder da waren, war man sich schnell einig in der Enttäuschung über ihren einst so verehrten Wahrheitsspender. So stürzten sie sich nun um so engagierter in die Unternehmung, die sie im Januar gegründet hatten: Apple Corps, Ltd., ein Medienkonzern, der Platten und Filme produzieren sollte, »kontrollierte Verrücktheit«, wie McCartney es nannte, eine Art »westlicher Kommunismus«. Sie richteten einen Fonds ein für bedürftige Künstler, zogen in ihr neues Hauptquartier in der schönen Savile Row, produzierten ihre ersten Platten, bereiteten ihren Comic-Film »Yellow Submarine« vor und verramschten das Zeug, das sie noch in ihrer Apple-Boutique liegen hatten. Und als sie zum ersten Mal nach zwei Jahren wieder im Fernsehen auftraten, in der »David Frost Show«, als das Publikum rund um Paul McCartney stand, der am Klavier saß, und als alle zusammen »la-la-la« sangen, weil das nicht nur zu »Hey Jude« gehört, sondern auch Verbindung stiftet, da konnte es einen kurzen Moment lang wirklich so scheinen, als wenn alles gut werden würde.

Es war ein tröstliches Lied, das McCartney da geschrieben hatte – für Cynthia, John Lennons Ex-Frau, die im August die Scheidung eingereicht hatte. Der Grund: Yoko Ono, mit der Lennon nicht nur Platten aufnahm, die dann etwa »Two Virgins« hießen. Mit der er nicht nur Kunst-Happenings veranstaltete, bei denen sie in strahlend weißen Gewändern Eicheln im Garten der Kathedrale von Coventry pflanzten, die eine »John by Yoko Ono« betitelt, die andere »Yoko by John Lennon, Sometime in May, 1968«. Jetzt saß sie auch im Studio, als sich die Beatles ab Mai dort wieder versammelten, um an ihrem ersten Album für ihr eigenes Apple-Label zu arbeiten. Und als das Doppelalbum mit dem weißen Cover und dem schlichten Namen »The Beatles« im November erschien, da war klar, daß es zwischen John Lennon und den anderen, besonders aber zwischen Lennon und Paul McCartney eine Kluft gab, die nicht mehr zu überbrücken war.

In all jenem, was in dieser Zeit entstand, war eines nicht zu übersehen: Da arbeiteten zwei nicht nur nebeneinanderher und ohne Bezugspunkt zueinander, da arbeiteten zwei gegeneinander. Wie etwa auf der Single »Hey Jude«, mit drei Millionen verkauften Exemplaren die erfolgreichste Beatles-Single überhaupt, die Ende August auf den Markt kam. Da gab es einmal mehr McCartneys versöhnlichtrauriges Mitsing- und Mitfühl-Lied, da gab es aber eben auch Lennons unentschieden-entschiedenes »Revolution« auf der B-Seite – lange konnte er sich nicht entscheiden, wie der Refrain lauten sollte, schließlich erwartete die Jugend von ihm, daß er als eine weitere charismatische Symbolfigur der Rebellion Tariq Ali oder Daniel Cohn-Bendit zur Seite springen würde. »You can count me in«, hieß es zuerst, »you can count me out«, war dann auf der Single zu hören. »You say you'll change the constitution«, sang er da, »you better free your mind instead, but if you go carrying pictures of Chairman Mao you ain't going to make it with anyone anyhow« – erst eineinhalb Jahre später zeigte sich Lennon in New York mit einem Mao-Sticker, einem schwarzen Beret und schwarzen Handschuhen, in der klassischen Revolutions-Garderobe also. Wie nicht anders zu erwarten, war die allgemeine Überraschung so groß wie die Enttäuschung oder sogar die Wut über Lennons augenscheinlichen Rückzieher. Die *New Left* in den USA sprach von »Betrug« und von einem »beklagenswerten bürgerlichen Angstschrei«, die schwarze Sängerin Nina Simone warf Lennon eine unpolitische Haltung vor und empfahl ihm, sein Gehirn zu reinigen; das amerikanische Nachrichtenmagazin *Time* war dagegen relativ begeistert von Lennons »inspirierender« Kritik des politischen Radikalismus; und die Rechte sah in Lennon weiterhin ein gefährlich subversives Element, der nur seine maoistischen Freunde davor warnen wolle, die Revolution dadurch zu verpulvern, daß sie die Dinge zu schnell vorantrieben. Die Rolle des Giftmischers konnte Lennon jedenfalls fürs erste nicht spielen. Die hatte ihm Mick Jagger gestohlen.

Dafür konnte Lennon nun erleben, wie es sich anfühlt, wenn man vor das Zielfernrohr des Establishments läuft. Bislang waren die Beatles ja ziemlich *untouchable* gewesen, Ordensträger Ihrer Majestät – ob sie nun Drogen nahmen oder nicht, ob sie das öffentlich zugaben oder nicht. Am 18. Oktober war es dann aber soweit: Die Drogenfahnder, die Lennon und Yoko Ono in Ringo Starrs Wohnung aufspürten, nahmen die beiden wegen des Besitzes von Cannabis vorläufig fest, was ja keine große Überraschung war, auch wenn die Beatles sechs Monate zuvor erklärt hatten, sie würden Schluß machen mit den ganzen Drogen. Aber schließlich war im Apple-Hauptquartier eine Sekretärin eigens dafür eingeteilt worden, den gesamten Drogenvorrat im Ernstfall die Damentoilette hinunterzuspülen. Es schien dennoch, als sei ein Versprechen gebrochen worden: Immunität, Narrenfreiheit, wie auch immer man es nennen möchte. Und das vielleicht größte Vergehen Lennons sollte erst noch kommen. Am 28. November wurde er zu einer Strafe von 150 Pfund verurteilt, am nächsten Tag erschien »Two Virgins«, das Album, das er gemeinsam mit Yoko Ono aufgenommen hatte – auf dem Cover waren die beiden zu sehen, wie Gott sie schuf, splitterfasernackt. Anstandshalber verpackte die Plattenfirma EMI das Ganze immerhin in einen braunen Umschlag. »Gute und schlechte Vibes«, schreibt Philip Norman über diese Zeit, »bombardierten Apple Corps mit noch größerer Unberechenbarkeit als das Londoner Wetter.«

»Die größten Songschreiber seit Schubert«, nannte Tony Palmer im *Observer* die Beatles, als sie am 22. November 1968 ihr blendend weißes Album veröffentlichten – das war auch der Tag, an dem Yoko Ono ihr Baby durch eine Fehlgeburt verlor. »Simple Happiness«, so beschrieb Palmer das Gefühl beim Hören des später so genannten »White Album« – und übersah dabei doch, wie tief sich die Konflikte zwischen Lennon und McCartney in das Werk eingenistet hatten. Die beiden Extreme: »Revolution 9« – Lennons wüst zerstückelter Endlos-Wachtraum, besonders beliebt als Zeichen des nahen Weltuntergangs bei Charles Manson und seinen Freunden; und auf der anderen Seite McCartneys »Ob-la-di Ob-la-da«, das Lennon schlicht verachtete. Dann gab es noch »Back In The U.S.S.R.«, das die Platte mit einer Spaßattacke eröffnete, ironisch gemeint und schlecht plaziert, da genau in dieser Zeit die Panzer durch Prag rollten; da gab es »Sexy Sadie«, Lennons Abrechnung mit dem Maharishi, da gab es George Harrisons kleinen Triumph »While My Guitar Gently Weeps« und McCartneys feines »Blackbird«; da gab es das später durch Charles Manson zu makabrer Berühmtheit beförderte »Helter Skelter« von McCartney, Lennons »Happiness Is A Warm Gun« und »Glass Onion«, eine Art Abschiedssong von Lennon an seinen Songschreiber-Partner; da gab es das penetrant gutgelaunte »Honey Pie« von McCartney, Harrisons nachhallendes »Long Long Long« und Lennons traurige Hommage an seine Mutter, »Julia«. Und daß das alles am Ende so gut zusammenpaßte, daß es beinahe wie geplant wirkte, das lag vor allem an der Art und Weise, wie Lennon, McCartney und George Martin das Album zusammenstellten. Die Beatles hatten sich auseinandergelebt, ein Riß war aufgetreten, der nicht mehr zu kitten war. »Die beste Popmusik absorbiert Ereignisse eher, als daß sie sie reflektiert«, hat Greil Marcus einmal geschrieben – und so steht das Ende der Beatles, das sich in diesen Tagen ankündigte, auch für einen Riß in der Zeit. Es sei erst die Gruppe, die die Individuen sichtbar mache, hat Marcus auch geschrieben (ebenfalls in *Mystery Train*), und »die Beatles waren schließlich das befriedigendste und komplexeste Zeugnis für die Grenzen persönlicher Selbständigkeit, das die meisten von uns je erlebt haben«. Und dann fügt er hinzu: »Außerdem waren sie ein Beweis für die Grenzen gegenseitiger Verbundenheit.«

Brian Jones hatte sich das Haus in Sussex im November gekauft, für 32 000 Pfund, und so absurd die Szenerie war, sie schien doch wiederum ganz passend: Er wohnte nun also in dem Haus, in dem schon A. A. Milne gewohnt hatte, der Kinderbuch-Vater von *Winnie the Pooh*. Vielleicht hatte das Sorgenkind endlich einen Ort gefunden, an dem es vor sich selbst sicher war.

Am 5. Dezember war es dann endl5. soweit, »Beggars Banquet« kam mit einer Verspätung von einigen Monaten auf den Markt, wurde von der Kritik und vom Publikum bejubelt – aber die Stones waren schon ganz woanders. Sie planten für den 11. und 12. Dezember ein großes Zusammenkommen mit Freunden, das das Fernsehen aufzeichnen sollte: *Rolling Stones Rock and Roll Circus* sollte der Film heißen, der allen anderen Rock'n'Roll-Filmen ein Ende setzen sollte, die ultimative Performance, zu der John Lennon und Yoko Ono kamen, Eric Clapton, The Who und Mitch Mitchell von der Jimi Hendrix Experience. Das Ganze wurde nie gesendet – und es war das letzte Mal, daß Brian Jones mit den Rolling Stones spielte. Schon damals hatte er die Vermutung, man wolle ihn durch Eric Clapton ersetzen – daß man ihn loswerden wollte, war ihm schon länger klar. Die Entscheidung wurde noch etwas hinausgeschoben, Mick Jagger reiste zunächst mit Keith Richards und den Frauen durch Südamerika und bereitete sich dann auf seinen zweiten Film nach *Performance* vor, über den australischen Volkshelden und Folksänger Ned Kelly, der im Sommer gedreht werden sollte. Und dann planten die Stones noch eine Amerika-Tour – und mit zwei Verurteilungen wegen Drogenbesitzes gab es kaum Chancen, daß Brian Jones ein Visum für die USA bekommen würde, auch wenn er gegen seine zweite Verurteilung im Januar erfolgreich Widerspruch eingelegt hatte. So machten sich Mick Jagger, Keith Richards und Charlie Watts eines Abends Ende Mai 1969 auf nach Sussex. Von diesem Abend an war Brian Jones kein Rolling Stone mehr. Am 9. Juni wurde bekanntgegeben, daß der junge Mick Taylor Brian Jones ersetzen werde. Und für den 5. Juli planten die Stones ein großes Gratis-Konzert im Londoner Hyde Park.

»Peace, peace! He is not dead, he doth not sleep – he hath awakened from the dream of life.« Da stand Mick Jagger also vor 250 000 Menschen in einem weißen Kittel, der wie ein Mädchenkleid aussah, hatte sich das Gesicht geschminkt, von Hell's Angels flankiert, und las aus Shelleys *Adonais* vor – Brian Jones war tot, und Jagger versuchte, das Spektakel im Hyde Park wie ein riesiges Gedenkkonzert für ihn aussehen zu lassen. Da war es natürlich durchaus symbolkräftig, daß viele der Hunderte von weißen Schmetterlingen, die man fliegen lassen wollte, nur noch tot aus dem Käfig fielen, weil man die Luftlöcher vergessen hatte. »Die Sache mit Brian war, daß er einfach kein besonders starker Junge war«, sagt Charlie Watts. »Er hatte sehr schlimmes Asthma, und er war sehr anfällig, wenn man ihn in Versuchung brachte.« Natürlich gab es die wildesten Gerüchte, nachdem man Brian Jones in der Nacht vom 2. auf den 3. Juli tot in seinem Swimmingpool aufgefunden hatte: Selbstmord? Mord? Doch nur ein Unfall? Ein schlimmer Asthma-Anfall in Verbindung mit Alkohol und Drogen? Wer war schuld an der ganzen Sache? Es mußte ja jemand schuld sein. Es war wohl ein Unfall – und die ganze Wahrheit liegt jedenfalls in dem, was Charlie Watts über Brian Jones sagte: »Er trank und nahm viele Drogen und starb.«

Es ist schwer zu sagen, wann der endgültige Riß kam: Vielleicht war es der Streit darüber, wer sich um das finanzielle Durcheinander der Beatles kümmern sollte. Allen Klein, der schon der Manager der Stones war und für den sich John Lennon, George Harrison und Ringo Starr aussprachen – oder doch die Familien-Firma von Paul McCartneys künftiger Frau Linda Eastman? Vielleicht waren es auch die hektischen Tage Anfang des Jahres 1969 gewesen, als die Beatles einen Film drehen wollten ähnlich dem *Rock and Roll Circus* der Stones und sich dabei selbst blockierten. Die Aufnahmen, die in dieser Zeit entstanden waren, wollte Lennon gegen den Willen von

McCartney veröffentlichen, »das wird den Leuten sagen: ›So sehen wir aus, wenn wir unsere Hosen runterlassen, also würden Sie bitte mit den Spielchen aufhören?‹« Da half es auch nicht besonders, daß sie mitten im Winter auf die Idee kamen, auf dem Dach ihres Hauses in der Savile Row ein Konzert zu geben. Einstweilen heirateten die Chefs, McCartney am 12. März in London Linda Eastman, Lennon am 20. März in Gibraltar Yoko Ono. George Harrisons Haus wurde von der Drogenfahndung durchsucht, und Lennon und Yoko Ono luden ein paar Tage nach ihrer Hochzeit zu ihrem ersten »Bed-In« im Amsterdamer Hilton ein. Die Dinge lösten sich zunehmend auf, oder anders: Die Geschichte ging weiter.

Immerhin gelang es den Beatles trotzdem, Musik zu machen, die es spielend an die Spitze der Charts schaffte: »Get Back« war im April ihre insgesamt 19. Top-Single, und auch »The Ballad Of John And Yoko« schaffte es im Juni zumindest in England bis ganz nach oben. »Wenn zwei Heilige zusammentreffen«, hatte McCartney bereits bei der Platte »Two Virgins« gelästert, »dann ist das schon eine Erfahrung, die einem Ehrfurcht einflößt.« Die zwei Heiligen flogen in der Zwischenzeit mal nach Montreal, um ihre Friedenshymne »Give Peace A Chance« aufzunehmen, mal schnieften sie zusammen Heroin, sie hatten einen Autounfall, Yoko Ono drehte einen 42minütigen Film über den ganz und halb erigierten Penis von John Lennon – und immer wieder fanden sie auch die Zeit, mit den anderen im Studio an dem neuen Album zu arbeiten, »Abbey Road«, das schließlich am 26. September 1969 erscheinen sollte. Und siehe da: Irgendwie funktionierte es. Wie von Geisterhand hielten sich Lennons Anarchie, McCartneys Sentimentalität und Harrisons neugefundene Selbständigkeit die Waage, und sogar Ringo Starr steuerte ein gutgelauntes Lied bei. Lennon gab der Gegenkultur in den Hörsälen dieser Welt mit »Come Together« das, was sie hören wollte, eine wilde Mischung aus Sex, Politik und Schamanentum, »den Schlüsselsong für die Zeitenwende«, wie Ian MacDonald schreibt; Harrison kam wie aus dem Nichts mit »Something« hervor, ein Song, den Frank Sinatra etwas vorschnell als »das größte Liebeslied der letzten 50 Jahre« bezeichnete; McCartney packte seine Traurigkeit als enttäuschter Peter Pan des Pop in »You Never Give Me Your Money«; und Starr hatte seinen Spaß mit einer eigenen Version des gelben U-Boots, mit »Octopus's Garden«. Da gab es Lennons begehrlichdrängendes »I Want You (She's So Heavy)«, Harrisons vergangenheitsselige Beatles-Beschwörung »Here Comes The Sun« – und natürlich gab es auch die böse Geschmacksverirrung »Maxwell's Silver Hammer«, die auf das Konto von McCartney ging, für Ian MacDonald die Aufnahme, die erklärt, warum sich die Beatles trennen mußten. Trotzdem: Auf »Abbey Road« fingen sie den Moment ein, wie Philip Norman schreibt, »mitten im Strom eines zu Ende gehenden Jahrzehnts. Da gab es heiße Straßen, soften Porno und ein Hippietum, das hinüberglitt in die harte Realität. Da gab es London, wie es hier und heute war, da gab es Liverpool, wie es damals war, und die Beatles erschienen endlos und zeitlos in dieser plötzlichen, launischen Illusion perfekter Harmonie.«

Noch bevor die Platte in den Schaufenstern lag, war alles vorbei. Der 11. September war ein Tag, an dem das Beatles-Haus in der Savile Row widerhallte vom optimistischen Klang des neuen Beatles-Albums, lange Schlangen von Journalisten zogen sich durch die Räume, wo Yoko Ono ihre Filme zeigte, George Harrison sich von *Bravo* photographieren ließ, wo alles harmonisch schien, bis am Nachmittag ein Anruf kam. Würden John Lennon und Yoko Ono nach Toronto kommen, um dort auf einem Rock-Festival zu spielen? Und als Lennon dann recht schnell eine Art Supergruppe organisiert hatte, The Plastic Ono Band mit Lennon, Ono, Eric Clapton, Klaus Voormann und Alan White, da tat er das wohl im vollen Bewußtsein, daß das das Ende der Beatles bedeuten würde. »Ich will eine Scheidung, so wie die Scheidung von Cynthia«, sagte er, als er aus Toronto zurückkam – sie hatten sich einfach auseinandergelebt. Auf dem Cover von »Abbey Road« sieht man die Beatles, wie sie einen Zebrastreifen überqueren, Lennon als Lichtgestalt im weißen Anzug, mit Löwenmähne und Wallebart vorneweg, die anderen dahinter, McCartney barfuß. Aus diesen Zeichen, etwa dem Umstand, daß Paul eben barfuß lief, oder dem Nummernschild des Käfers, der da auf der Straße parkte und auf dem deutlich 28 IF zu lesen stand (Pauls Alter), bastelte sich die einfallsreiche Mystik der Zeit rasch eine einleuchtende Schlußfolgerung: Paul war tot. Aber es war nicht Paul, der tot war. Es waren die Beatles.

Alles, was dann noch kam, war ein Nekrolog. Lennon gab der Queen seinen Orden zurück, um gegen die Kriege in Biafra und in Vietnam zu protestieren; McCartney war im Studio, um seine eigene

Platte aufzunehmen; Lennon und Ono versuchten alles mögliche, um gegen die Übel der Welt anzulieben; am 10. April 1970 verkündete McCartney, die Beatles hätten sich aufgelöst; im Mai kam ihre letzte Platte auf den Markt, »Let It Be«: Aufnahmen, die mehr als ein Jahr alt waren, ein mittleres Fiasko, immerhin mit einen Titelsong von McCartney, der so verkitscht religiös ist, daß er zu einer Hymne wurde, die sich ins Gedächtnis der Zeit einfraß. Ein Album, das mit einem Song endet, der »Get Back« heißt, ein launiger Rausschmeißer, der mit müdem Applaus abschließt und einem finalen Scherz: »I'd like to say thank you very much on behalf of the group and myself«, hört man da John Lennon wie aus einiger Entfernung sagen. »I hope we passed the audition.«

Irgendwann in diesen Tagen saß Mick Jagger in einem Studio: nach einer US-Tour, die mit der Katastrophe von Altamont geendet hatte; nach einem neuen Stones-Album, das »Let It Bleed« hieß, eine Art von »Soundtrack des neuen Barbarentums«, wie es Philip Norman nannte; nach Songs wie »Midnight Rambler« oder »Gimme Shelter« und Auftritten, die einen Journalisten der *New York Times* entfernt an die Eroberungsfeldzüge der deutschen Armee erinnerten; nach sieben Jahren Dauersprint und Konkurrenz mit den Beatles; nach einem Jahrzehnt, das die westliche Welt verändert und den freudig heulenden Triumphzug der Jugend erlebt hatte. Nach all dem war es nur passend, daß man sich im heraufziehenden postmodernen Zeitalter nicht etwa vor Gericht traf, sondern am Schneidetisch. Dort wurden schließlich jetzt die Dinge verhandelt: an dem Ort, wo die Bilder gemacht werden. »Stop«, sagte Mick Jagger, als er die Bilder von Altamont sah, von Meredith Hunter, den Hell's Angels, den Nackten und den Drogen. »Stop, kannst du das noch mal zurückspulen?«

Nachwort

Schwer zu akzeptieren, das Ganze. Da gibt man den Jungs einen klaren Auftrag mit auf den Weg: Sie sollen verdammt noch mal das tun, was sich andere nicht trauen, sollen herumhuren und sich jeden Abend besaufen, sollen rumpöbeln, Hotelzimmer kaputtschlagen und auch sonst so eifrig rebellieren wie nur irgend möglich. Und wenn die damit irgendwann einfach aufhören; wenn die auf dem Weg so ein bißchen die Lust verlieren, vielleicht lieber altes Porzellan sammeln oder sich auf den Bahamas sonnen und um die Kinder kümmern; wenn die aber vor allem trotzdem weiterhin behaupten, sie hätten *unseren* Auftrag, wenigstens für zwei Stunden so zu tun, als sei alles beim alten, und damit auch noch groß Geld verdienen: dann kann man schon ein wenig sauer werden. »Verrat!« schreit man dann aus der Höhe seines Wohnzimmersessels herunter. »Die haben sich doch verkauft«, grummelt man seinem Tennispartner zu. »Du mußt doch bloß mal überlegen«, sagt man beim Italiener um die Ecke: »VW Golf und die Stones, so weit ist es gekommen.« Und schon scheint die Welt wieder in Ordnung.

Der Sieg der Stones über die öffentliche Meinung – schon dafür muß man sie respektieren. Dieses kollektive Stammeln – jedesmal, wenn sie wieder auf Tour sind. Und das kommt ja nicht zu selten vor. Dann dürfen wieder ein paar mittelberühmte Schriftsteller oder der eine oder andere unbedeutende Sänger ihre ganz persönlichen Eindrücke vom Konzert aufschreiben, da rotieren wieder die Sprachschleudern, die von den alten Steinen berichten, die immer noch rollen, von Sex, Drogen, Musik, da ringen alle mit der eigenen Erinne-

Die ehemals dauerfröhlichen »Fab Four« gehören längst zur Pop-Historie. Der Tumult der rollenden Steine tourt hingegen bis zur Jahrtausendwende – und wer meint, zwischen Revolution und Kommerzialisierung läge der Verrat, der hat »die Neunziger wirklich nicht verstanden, die Achtziger nicht verdaut, die Siebziger nicht reflektiert«. (Unten, ganz links: der Jones-Nachfolger Mick Taylor, während einer der ersten Proben mit den Stones)

rung oder Enttäuschung. Dabei war doch schon so oft Vollzug gemeldet worden. »Klinisch tot« seien die Rolling Stones, meinte nicht nur der *Spiegel* irgendwann in den achtziger Jahren zu wissen. Das klang schon fast erleichtert.

Als sich die Rolling Stones schließlich für ihre Welt-Tournee 1999 den amerikanischen Sportswear-König Tommy Hilfiger als Sponsor aussuchten, da waren sie endgültig in den neunziger Jahren angekommen. Teenager-Glück 1969, Teenager-Glück 1999: Das ist eben nicht das gleiche – und der Versuch, die Stones dafür irgendwie haftbar zu machen, daß sich die Gegenwart so gebärdet, wie sie es eben tut, ist die ebenso berechenbare wie billig zu habende Nostalgie, daß die Dinge immer schlechter, also immer kommerzieller werden. Drei verschiedene Golf-Modelle der »Rolling Stones Collection« wurden 1995 angeboten, zwischen 26 350 und 46 615 Mark teuer: ein Familienwagen für die Bentley-Dandys? Wer sich darüber noch aufregen konnte, wer vielleicht meinte, da verkaufe jemand seine Ideale, der hatte die Neunziger wirklich nicht verstanden, die Achtziger nicht verdaut, die Siebziger nicht reflektiert. Die Stones und VW, so sagte 1995 der zuständige PR-Experte, seien »unternehmens- und produkthomogen«. Und dann das Unsagbare: »Mick Jagger und seine Mannen polarisieren nicht. Ein 15jähriger hört sie genausogern wie ein 60jähriger.« Ein Trost immerhin: Das Genesis-Modell verkaufte sich 20 000mal, das Pink-Floyd-Modell 80 000mal – für den Stones-Golf rechnete VW mit gut 100 000 Stück.

Die Jugend und die Rebellion. Eine große Legende, einerseits. Eine alte Lüge, andererseits. Und zwischendrin liegt so etwas wie eine kleine Wahrheit. Aber die Jugend fühlt sich eben niemals so jung und wild an wie aus der sicheren Distanz des Alters. Und gerade die Leute, die sich besonders in die Brust werfen, wie rebellisch das damals alles war und wie handzahm dagegen heute, gerade die haben letztlich nicht verstanden, was in jenen Jahren begann: die Kommerzialisierung, der Instant-Ruhm, die Fernsehgesellschaft, die Welt als Spiegel und Oberfläche, die Herrschaft der Stars in der Demokratie, der Sieg des Bildes über das Wort. Und der Mittelstand, den man zu bekämpfen glaubte, der ist man heute selbst.

Die Beatles und die Rolling Stones – hat jemand diesen Wettlauf um die Herzen der Jugend gewonnen? Die Beatles sind früh ausgeschieden. Sie verkaufen sich immer noch prächtig, existieren weiter im Pantheon der Musikgeschichte, in der Erinnerung heutiger und künftiger Generationen und in der Liebhaberei vieler Studienräte, die die Beatles entkernen und nur noch den sorgenfrei zu genießenden Rest übriglassen. »Sgt. Pepper's: große Platte«. »Wie bitte: Drogen?« 1995 sind sie virtuell wiederauferstanden, als nicht nur etliche Stunden unveröffentlichen Materials auf den Markt kamen, sondern sich die drei überlebenden Beatles zusammentaten, um mit der Stimme des toten Lennon dessen Song »Free As A bird« zu vollenden. Und die Stones haben den Moment des Aufhörens einfach verpaßt. So tun sie weiter das einzige, was sie wirklich können.

Natürlich haben sich die Zeiten geändert, natürlich wird zum Beispiel die Beatles-Hymne »Revolution« von der Firma Nike für einen Werbespot benutzt. Merkwürdig nur, daß gerade dieser Verkaufsaspekt manchen Leuten solche Probleme bereitet. Denn es waren ja gerade jene Jahre und jene Leute, von denen dieses Buch handelt, die eigentlich ein für allemal klargemacht haben sollten, daß die Warenwelt des Pop der wahren Welt des restlichen Lebens in vielen Momenten überlegen ist.

Waren die Beatles und die Stones also eine Art Speerspitze der Postmoderne, gemeinsam mit Andy Warhol, Muhammad Ali, Jackie und John F. Kennedy? Die Originalgenies der Beatles in jedem Fall weniger, die Stones schon eher. Auf die trifft jedenfalls zu, was der französische Philosoph Jean-François Lyotard über die Kunst in den Zeiten der Postmoderne gesagt hat: »Das Leben selbst kann als Werk gelten.« Oder, wie es Andy Warhol, ein anderer Philosoph der Postmoderne, einmal gesagt hat: »In den Sechzigern ging es um die Leute und nicht darum, was sie machten: um den Sänger, nicht den Song.«

Zeittafel

März 1960	Elvis Presley wird aus der Armee entlassen.
	Die Quarrymen, bestehend aus John Lennon, Paul McCartney, George Harrison und Stuart Sutcliffe, machen ihre ersten gemeinsamen Gehversuche.
16. April 1960	Eddie Cochran kommt bei einem Autounfall ums Leben.
Mai 1960	Der US-DJ Alan Freed wird im Zuge des Payola-Skandals angeklagt.
August 1960	Bruno Koschmieder bucht die Gruppe, die zwischendurch The Silver Beatles heißt, für 48 Nächte für seinen Indra Club in Hamburg. Von nun an nennen sich Lennon, McCartney, Harrison, Sutcliffe und der neue Schlagzeuger Pete Best nur noch The Beatles.
26. September 1960	Erste Fernsehdebatte im amerikanischen Präsidentschaftswahlkampf zwischen Richard Nixon und John F. Kennedy
22. Oktober 1960	Erster Profi-Kampf von Cassius Clay
9. November 1960	John F. Kennedy wird zum Präsidenten der USA gewählt.
30. Januar 1961	Die Pille kommt in England in den Handel.
12. April 1961	Juri Gagarin ist der erste Mensch im Weltraum.
1. Januar 1962	Erfolglose Beatles-Aufnahmen im Decca-Studio
24. Januar 1962	Brian Epstein wird Manager der Beatles.
10. April 1962	Stuart Sutcliffe stirbt.
April bis Mai 1962	Die Beatles spielen im Star-Club in Hamburg.
4. Juni 1962	Die Beatles unterzeichnen einen Plattenvertrag mit EMI.
11. Juli 1962	Der Name The Rolling Stones erscheint zum ersten Mal in der *Jazz News*.
18. August 1962	Ringo Starr wird neuer Schlagzeuger der Beatles.
5. Oktober 1962	Erste Beatles-Single: ›Love Me Do‹
12. Januar 1963	Erster Fernseh-Auftritt der Beatles bei ›Thank Your Lucky Stars‹

2. März 1963	Die Beatles-Single »Please Please Me« wird Nummer eins in England.
April 1963	Andrew Loog Oldham wird Manager der Rolling Stones.
4. Mai 1963	Das Beatles-Album »Please Please Me« wird Nummer eins in England.
28. Mai 1963	Timothy Leary wird von der Harvard University gefeuert, weil er mit seinen Studenten mit LSD experimentiert hat.
7. Juni 1963	Erster Fernseh-Auftritt der Rolling Stones bei »Thank Your Lucky Stars«
28. August 1963	200 000 Menschen lauschen in Washington Martin Luther King: »I have a dream«.
12. September 1963	Die Beatles-Single »She Loves You« wird Nummer eins in England.
13. Oktober 1963	Die Beatles im Londoner Palladium, offizieller Beginn von *Beatlemania*
22. November 1963	John F. Kennedy wird in Dallas ermordet.
12. Dezember 1963	Die Beatles-Single »I Want To Hold Your Hand« wird Nummer eins in England.
1. Februar 1964	»I Want To Hold Your Hand« Nummer eins in den USA
7. Februar 1964	Die Beatles landen in New York.
9. Februar 1964	Historischer Live-Auftritt der Beatles in der »Ed Sullivan Show«, 73 Millionen Amerikaner sitzen vor dem Fernseher.
25. Februar 1964	Cassius Clay wird Boxweltmeister.
2. April 1964	Die Beatles-Single »Can't Buy Me Love« wird Nummer eins in England.
4. April 1964	»Can't Buy Me Love« Nummer eins in den USA, die Beatles belegen die ersten fünf Plätze der Charts.
16. April 1964	Die Debüt-LP »The Rolling Stones« wird in England veröffentlicht.
17. April 1964	Die Stones-Single »Not Fade Away« wird Nummer eins in England.
5. Juni 1964	Erste Stones-Tour durch die USA
6. Juli 1964	Premiere des Beatles-Films »A Hard Day's Night« in London; die LP »A Hard Day's Night« erscheint dazu.
8. Juli 1964	Die Stones-Single »All Over Now« wird Nummer eins in England.
25. Juli 1964	Schwere Randale beim Rolling-Stones-Konzert in Blackpool
23. August 1964	Die Beatles treten in der Hollywood-Bowl in Los Angeles auf.
15. Oktober 1964	Die Labour-Partei gewinnt bei den Parlamentswahlen; Slogan: »Let's Go With Labour«.

22. Oktober 1964	150 Festnahmen beim Stones-Konzert in Paris
25. Oktober 1964	Erster Stones-Auftritt in der »Ed Sullivan Show«; daraufhin verspricht Sullivan, die Stones nie wieder einzuladen.
Dezember 1964	Die Beatles-LP »Beatles For Sale« erscheint.
10. Dezember 1964	Martin Luther King erhält den Friedensnobelpreis.
23. Dezember 1964	Das Piratenschiff Radio London nimmt seinen Sendebetrieb auf.
22. Januar 1965	Große Krawalle beim Stones-Konzert in Sydney
18. März 1965	Die Stones werden dabei erwischt, wie sie in aller Öffentlichkeit gegen eine Tankstellenmauer pinkeln.
13. April 1965	Die Beatles-Single »Eight Days A Week« wird Nummer eins in den USA.
22. April 1965	Die Beatles-Single »Ticket To Ride« wird Nummer eins in England.
22. Mai 1965	»Ticket To Ride« wird Nummer eins in den USA.
12. Juni 1965	Die Queen überreicht den Beatles den »Membership of the Most Excellent Order of the British Empire«.
4. Juli 1965	Martin Luther King fordert ein Ende des Vietnamkrieges.
7. Juli 1965	Die Stones-Single »Satisfaction« wird Nummer eins in den USA.
28. Juli 1965	US-Präsident Lyndon B. Johnson schickt weitere 50 000 Soldaten nach Vietnam.
5. August 1965	»Help!« von den Beatles wird Nummer eins in England.
27. August 1965	Auf ihrer zweiten US-Tour treffen die Beatles Elvis Presley.
28. August 1965	Allen Klein wird Co-Manager der Rolling Stones.
29. August 1965	Premiere des Beatles-Films »Help!«
9. Oktober 1965	Beatles-Single »Yesterday« wird Nummer eins in den USA.
6. November 1965	Die Stones-Single »Get Off Of My Cloud« wird Nummer eins in den USA.
Dezember 1965	Letzte England-Tour der Beatles; Erscheinen der Beatles-LP »Rubber Soul«
16. Dezember 1965	Die Beatles-Single »We Can Work It Out / Day Tripper« wird Nummer eins in England.
1. Januar 1966	Der erste Psychedelic Shop eröffnet auf der Haight Street in San Francisco.
4. März 1966	In einem Zeitungsinterview sagt John Lennon, die Beatles seien populärer als Jesus.
15. April 1966	Das US-Magazin *Time* erklärt Swinging London zur Metropole des Jahrzehnts.
April 1966	Die Stones-LP »Aftermath« erscheint.
10. Juni 1966	Mary Quant, Erfinderin des Minirocks, bekommt einen königlichen Orden verliehen.

23. Juni 1966	Die Beatles-Single »Paperback Writer« wird Nummer eins in England.
11. Juni 1966	Die Stones-Single »Paint It Black« wird Nummer eins in den USA.
25. Juni 1966	»Paperback Writer« wird Nummer eins in den USA.
29. Juli 1966	Schwerer Motorradunfall von Bob Dylan
August 1966	Die Beatles-LP »Revolver« erscheint.
29. August 1966	Das letzte Konzert der Beatles findet im Candlestick Park in San Francisco statt.
Februar 1967	Die Stones-LP »Between the Buttons« erscheint.
12. Februar 1967	Drogenrazzia in Keith Richards' Landsitz Redlands
18. März 1967	Die Beatles-Single »Penny Lane« wird Nummer eins in den USA.
13. April 1967	Tränengas-Einsatz gegen Stones-Fans in Warschau
15. April 1967	400 000 Menschen protestieren in New York gegen den Vietnamkrieg.
28. April 1967	Muhammad Ali wird der Weltmeistertitel aberkannt, weil er den Wehrdienst verweigert.
10. Mai 1967	Mick Jagger und Keith Richards stehen wegen Drogenbesitzes vor Gericht; Brian Jones wird verhaftet.
20. Mai 1967	»A Day In The Life« von den Beatles wird wegen Drogenanspielungen durch die BBC zensiert.
Juni 1967	Die Beatles-LP »Sergeant Pepper's Lonely Hearts Club Band« erscheint.
25. Juni 1967	400 Millionen sehen die Beatles in der BBC; Muhammad Ali wird zu fünf Jahren Gefängnis verurteilt, weil er den Wehrdienst verweigert hat.
29. Juni 1967	Mick Jagger und Keith Richards werden wegen Drogenbesitzes verurteilt.
1. Juli 1967	Die Londoner *Times* protestiert gegen die Verurteilung der beiden Stones.
16. Juli 1967	»Legalize Pot«-Demonstration im Hyde Park
19. Juli 1967	Die Beatles-Single »All You Need Is Love« wird Nummer eins in England.
27. August 1967	Der Beatles-Manager Brian Epstein wird tot aufgefunden.
September 1967	Die Stones trennen sich von Manager Andrew Oldham.
30. Oktober 1967	Brian Jones wird angeklagt wegen Drogenbesitzes.
27. November 1967	Die Stones-LP »Their Satanic Majesties Request« erscheint.
Dezember 1967	Die Beatles-EP »Magical Mystery Tour« erscheint.
6. Dezember 1967	Die Beatles-Single »Hello Goodbye« wird Nummer eins in England.
12. Dezember 1967	Brian Jones wird in ein Krankenhaus eingeliefert.

31. Januar 1968	Beginn der Tet-Offensive
15. Februar 1968	Die Beatles reisen nach Indien zum Maharishi Yogi.
4. April 1968	Martin Luther King wird in Memphis ermordet.
21. Mai 1968	Brian Jones wird verhaftet.
25. Mai 1968	Die Stones-Single ›Jumpin' Jack Flash‹ wird Nummer eins in England.
3. Juni 1968	Andy Warhol wird in seiner Factory angeschossen.
5. Juni 1968	Robert Kennedy wird in Los Angeles ermordet.
8. Juni 1968	›Jumpin' Jack Flash‹ wird Nummer eins in den USA.
17. Juli 1968	Premiere des Beatles-Films ›Yellow Submarine‹
20. August 1968	Einmarsch russischer Truppen in die Tschechoslowakei
11. September 1968	Die Beatles-Single ›Hey Jude‹ Nummer eins in England.
28. September 1968	›Hey Jude‹ wird Nummer eins in den USA.
8. Oktober 1968	Che Guevara stirbt in Bolivien.
18. Oktober 1968	Bei John Lennon und Yoko Ono findet eine Drogenrazzia statt.
November 1968	Das ›Weiße Album‹ der Beatles erscheint.
5. Dezember 1968	Die Stones-LP ›Beggars Banquet‹ erscheint.
Januar 1969	Die Beatles-LP ›Yellow Submarine‹ erscheint.
30. Januar 1969	Das ›Rooftop-Konzert‹ der Beatles findet statt.
20. März 1969	Die Hochzeit von John Lennon und Yoko Ono findet in Gibraltar statt.
25.–31. März 1969	Lennon und Ono veranstalten ihr erstes ›Bed-In‹ im Amsterdamer Hilton Hotel.
23. April 1969	Die Beatles-Single ›Get Back‹ wird Nummer eins in England.
24. Mai 1969	›Get Back‹ wird Nummer eins in den USA.
8. Juni 1969	Die Stones und Brian Jones trennen sich; Mick Taylor wird neuer Gitarrist der Band.
11. Juni 1969	›The Ballad Of John And Yoko‹ wird Nummer eins in England.
3. Juli 1969	Brian Jones ertrinkt in seinem Swimmingpool.
5. Juli 1969	Konzert der Rolling Stones im Hyde Park vor 250 000 Menschen
21. Juli 1969	Neil Armstrong und Buzz Aldrin sind die ersten Menschen auf dem Mond.
9. August 1969	Die Schauspielerin Sharon Tate und vier ihrer Freunde werden in Los Angeles von der ›Manson-Familie‹ ermordet.
12. August 1969	Die Stones-Single ›Honky Tonk Women‹ wird Nummer eins in den USA.
14.–17. August 1969	Die Jugend Amerikas trifft sich in Woodstock.

Oktober 1969	Die Beatles-LP ›Abbey Road‹ erscheint.
25. November 1969	John Lennon gibt seinen Orden ›Membership of the Most Excellent Order of the British Empire‹ unter Protest zurück.
28. November 1969	Die Stones-Single ›Let It Bleed‹ erscheint in den USA.
29. November 1969	Die Beatles-Single ›Come Together / Something‹ wird Nummer eins in den USA.
6. Dezember 1969	Beim Gratis-Konzert der Rolling Stones in Altamont wird Meredith Hunter von einem Hell's Angel erstochen.
14. März 1970	Die Beatles-Single ›Let It Be‹ wird Nummer zwei in England.
11. April 1970	›Let It Be‹ wird Nummer eins in den USA.
Mai 1970	Die Beatles-LP ›Let It Be‹ erscheint.
13. Mai 1970	Premiere des Films *Let It Be* in New York ohne einen der Beatles
13. Juni 1970	Die Beatles-Single ›The Long and Winding Road‹ wird Nummer eins in den USA.
18. September 1970	Jimi Hendrix stirbt an einer Überdosis.
4. Oktober 1970	Janis Joplin stirbt an einer Überdosis.
31. Dezember 1970	Beginn des juristischen Verfahrens, um die Beatles aufzulösen; offizielles Ende der Beatles

Literatur

Stanley Booth, *The True Adventures of the Rolling Stones*, New York 1985
Nik Cohn, *Awopbopaloobop Alopbamboom*, London 1969
Robert Cording, Shelli Jankowski-Smith, E. J. Miller Laino (Hg.), *In My Life. Encounters with the Beatles,* New York 1998
Hunter Davies, *The Beatles*, London 1968
Charles Kaiser, *1968 In America. Music, Politics, Chaos, Counterculture and the Shaping of a Generation*, New York 1988
Mark Hertsgaard, *The Beatles. Die Geschichte ihrer Musik*, München 1996
Ian MacDonald, *Revolution in the Head. The Beatles' Records and the Sixties*, London 1994
Greil Marcus, *Mystery Train. Rock'n'Roll als amerikanische Kultur*, Hamburg 1992
Greil Marcus, *Dead Elvis. Meister, Mythos, Monster*, Hamburg 1993
Greil Marcus, *Basement Blues. Bob Dylan und das alte, unheimliche Amerika*, Hamburg 1998
Philip Norman, *Shout. The Beatles in their Generation*, London 1981
Philip Norman, *The Stones*, London 1984
Ulf Poschart, *DJ Culture*, Hamburg 1995
Tony Sanchez, *Up and Down with the Rolling Stones*, New York 1979
Klaus Theweleit, *Buch der Könige*, Frankfurt 1994
Andy Warhol, *The Philosophy Of Andy Warhol*, London 1975
Andy Warhol und Pat Hackett, *Popism. The Warhol 60s*, London 1981
Tom Wolfe, *The Kandy-Kolored Tangerine-Flake Streamline Baby*, London 1966
Tom Wolfe, *The Pump House Gang*, New York 1968

Bildnachweise

S. 10, S. 11 Ullstein/AP; Ullstein/Peter Schöning; S. 36, S. 54 Ullstein/Keystone; S. 78 Ullstein/dpa; S. 90 Ullstein/dpa; Ullstein/Teldec; S. 112 Ullstein/Keystone; Ullstein/dpa; S. 140 Ullstein/AP

GegenSpieler

Tom Levine
Lady Di – Königin Elisabeth
Band 14494

Beide wuchsen in der arrangierten Leichtigkeit des Seins auf, und ihr Lebensweg schien vorherbestimmt: *Elisabeth Alexandra Mary von York* kam »nur« als Tochter eines jüngeren Bruders des künftigen Thronanwärters auf die Welt. *Diana Spencer* als drittes Mädchen einer unglücklichen Ehe, die nur noch auf einen männlichen Stammhalter hoffte. Jahrzehnte später treffen Elisabeth und Diana in völlig veränderten Rollen aufeinander: Königin die eine, designierte Thronfolgergattin und Schwiegertochter die andere. Rasch werden die unterschiedlichen Lebens- und Rollenverständnisse der beiden Frauen deutlich: Hier rigorose Pflichterfüllung und absolute Verschwiegenheit als Ziele an sich, dort glamouröse Prominenz und mediale Inszenierungen als Plattformen für mehr. Jede für sich wird eine ebenso absolute wie endgültige Verkörperung gesellschaftlicher Paradigmen und Phantasien – Fixpunkte im Koordinatensystem kollektiver Welterfahrungen. Tom Levine, Journalist in London, hat sich auf die Spuren zweier bemerkenswerter Frauenleben und ihres Konfliktes begeben – Tradition gegen Moderne.

Fischer Taschenbuch Verlag

GegenSpieler

Karl Drechsler

John F. Kennedy – Nikita Chruschtschow

Band 14158

Beide traten das jeweils höchste Amt ihres Landes mit dem Versprechen an, für innenpolitische Reformen und soziale Versöhnung einzutreten. Das Kind einer wohlhabenden Ostküsten-Familie verkörperte wie kein anderer US-Präsident vor ihm den amerikanischen Traum – jung, liberal und engagiert. Der Sohn eines Grubenarbeiters im zaristischen Rußland formulierte als Erster Sekretär des Zentralkomitees der KPdSU die kommunistische Verheißung nach dem Stalin-Terror neu – selbstbewußt, temperamentvoll und geradlinig. Doch *John F. Kennedy* und *Nikita Chruschtschow* standen vor allem an der Spitze weltweit rivalisierender Systeme – und somit einander gegenüber: schwerbewaffnet und die eigenen Einflußsphären fest im Auge. Sie trugen die Verantwortung dafür, daß die Welt im Verlauf der Kubakrise am Abgrund eines Atomkrieges stand. Der Historiker Karl Drechsler hat dieses Duell aus der Hochzeit des Kalten Krieges neu inszeniert.

Fischer Taschenbuch Verlag

GegenSpieler

Kathrin Gerlof

Gerhard Löwenthal – Karl-Eduard von Schnitzler

Band 14183

Der eine entgeht mit Glück und Geschick der Ermordung durch die Nationalsozialisten, der andere verhilft manchem Verfolgten des Tausendjährigen Reichs erfolgreich zur Flucht. Doch die geteilte Erfahrung, einem gemeinsamen Feind widerstanden zu haben, zählt nach 1945 nichts mehr: *Gerhard Löwenthal* und *Karl-Eduard von Schnitzler* werden zu exponierten Frontkämpfern im Kalten Krieg der Systeme. Ihr Schlachtfeld: das Fernsehen. Ihre Waffe: die Sprache. Löwenthals »ZDF-Magazin« und Schnitzlers »Schwarzer Kanal« avancieren zu Bastionen zielgerichteter Meinungsbildung auf beiden Seiten der Mauer. Allerdings zeigt sich auch, daß beiden in ihrem Eifer weitaus mehr gemeinsam ist, als ihnen lieb sein dürfte: »Die Brüche im Leben geraten zur geplanten Aktion, das Scheitern wird zum Sieg stilisiert, aus Irrtümern entstehen Heldengeschichten.« Die Berliner Publizistin Kathrin Gerlof erzählt dieses bemerkenswerte Stück deutsch-deutscher Fernsehgeschichte.

Fischer Taschenbuch Verlag

Ulli Engelbrecht / Jürgen Boebers
Licht aus – Spot an!
Musik der 70er Jahre

Band 13806

Die 70er – das sind Plateausohlen, Clearasil gegen Pickel, Indienkleider und Knautschlack-Jacken, Hosen mit Schlag, Boots und Parka, Smile-Buttons und »Atomkraft-Nein-Danke«-Aufkleber. Die 70er – das sind Olympiade in München und Deutscher Herbst, Sonntagsfahrverbot und Ford Capri, Ottifanten und Enterprise in Farbe. Die 70er – das sind Suzi Quatro und Gary Glitter, Slade und David Bowie, Dieter Thomas Heck und Ilja Richters »disco«: Licht aus – Spot an!

Die Autoren haben tief in die Erinnerungskiste gegriffen und erzählen hier in zahlreichen Bildern und nostalgischen Erinnerungen von der Musik dieser Zeit und dem Lebensgefühl, den Träumen und Wünschen derer, die sie hörten.

»Ein Fanbuch für alle, die ihre **BRAVO** nicht gesammelt haben«.
Magnus

Fischer Taschenbuch Verlag

Christian Graf / Burghard Rausch

Rockmusiklexikon
Europa

2 Bände:
Band 1: ABC – Kursaal Flyers
Band 12387

Band 2: Lake – Zombies
Band 12388

Als die Beatles in den sechziger Jahren in Erscheinung traten und sich zur erfolgreichsten Band ihrer Zeit entwickelten, war die Welt der Rockmusik noch einigermaßen überschaubar. Bei schätzungsweise 20000 Solisten und Gruppen ist heute selbst der intimste Kenner der Rockmusik überfordert. Auch den Autoren blieb nichts anderes übrig, als eine letztlich subjektive Auswahl zu treffen. Vorgestellt werden über 700 Gruppen bzw. Solisten der europäischen Rockszene, darunter natürlich Gruppen wie die Rolling Stones, die immer mal wieder für Schlagzeilen sorgten, wie auch Gruppen, die nie über ihren Insiderstatus hinauskamen, der Rockmusik aber ebenfalls neue Impulse gaben.

Fischer Taschenbuch Verlag

Christian Graf / Burghard Rausch

Rockmusiklexikon

Amerika, Afrika, Asien, Australien

2 Bände:
Band 1: Lee Aaron – It's A Beautiful Day
Band 13872

Band 2: Janet Jackson – ZZ Top
Band 13873

Seit Elvis Presley, der King of Rock ›n‹ Roll, 1956 mit ›Heartbreak Hotel‹ die Pop-, Country- und R&B-Charts stürmte, hat sich in der Rockmusik einiges getan. Tausende von Bands und Musikern in Amerika, Afrika, Asien und Australien haben mit mehr oder weniger Erfolg die Szene betreten und u. a. mit Blues, Country, Folk, Reggae, New Wave, Punk, Heavy Metal, Techno, Rap und HipHop alte und neue Stilrichtungen erprobt. Die um 400 auf über 1000 Biographien erweiterte und aktualisierte Ausgabe kann selbstverständlich nur eine Auswahl bieten, die jedoch Bluesveteranen ebenso berücksichtigt wie die Teenie-Stars von heute. Neben Rockstars werden Musiker oder Bands vorgestellt, die stilbildend gewirkt oder nur mit einem Hit für Furore gesorgt haben.

Fischer Taschenbuch Verlag

Bernd Müllender / Achim Nöllenheidt (Hg.)

Am Fuß der blauen Berge

Die Flimmerkiste in den 60er Jahren

Band 13805

Fernsehen in den Sechzigern: Erinnerungen an Lebenshilfe von Adalbert Dickhut, Bergsteigen mit Luis Trenker, Lachen über Heidi Kabels Ohnesorg-Theater und Heinz Schenks Blauen Bock, die treuen Gefährten Fury, Lassie, Rin-Tin-Tin und Flipper, Reisen durch Raum und Zeit mit Orion.

Fernsehen in den Sechzigern: Nierentische und jeden Samstag Kampf zwischen »Beat-Club« (»Negermusik«) und »Sportschau«, verschließbare Bildschirme und hochgeklappte Bürgersteige beim Straßenfeger »Das Halstuch«. Das Erste war noch das einzige, die Röhre hieß »Zauberschale« und lieferte »den Blick« in die Welt.

Die Journalisten Müllender und Nöllenheidt, zwei »bekennende Allesseher«, haben für dieses »Kultbuch« (so ein begeisterter Kritiker) Gleichgesinnte und Prominente versammelt und um ihre Erinnerungen an die frühen Fernsehjahre gebeten. Mit nostalgiefeuchtem Blick in die Steinzeit des Fernsehens heben sie Schätze, die längst Stoff für Legenden sind: Little Joe und Kommissar Keller, Irene Koss und Heinz Maegerlein, Vico Torriani und Emma Peel, Jeannie und die Reporter der Windrose...

Fischer Taschenbuch Verlag

Holger Jenrich (Hg.)

Freunde fürs Leben

Von Asterix bis Zorro: Gefährten, Helden, Kultfiguren

Band 13975

Viele Helden aus Büchern, Comics, Film und Fernsehen begleiten uns seit Jahrzehnten und sind mittlerweile zu Kultfiguren geworden. Seit wir klein sind, stolpern wir immer wieder über sie; manche begegneten uns zuerst in Büchern und verwandelten sich später in Helden der Leinwand.

Die Mainzelmännchen waren das Signal für den Gute-Nacht-Kuß, Superman verlieh uns übermenschliche Kräfte, an der Seite von Micky Maus erlebten wir die aufregendsten Abenteuer. Ob Pippi Langstrumpf, die Peanuts oder Winnetou: wir liebten und verehrten sie, beobachteten und verachteten sie auch bisweilen. Aber loslassen werden wir sie nie. Sie sind Freunde fürs Leben geworden.

In über 40 Geständnissen und Liebeserklärungen erinnern die Autorinnen und Autoren dieses reich illustrierten Bandes an die Gefährten und Helden ihrer Kindheit.

Fischer Taschenbuch Verlag